하나님 나라에서 언젠가 만나게 될 나의 사랑하는 어머니 고(故) 고순옥 권사님에게 이 책을 드립니다. 요한계시록은 그 재회를 확인하는 책입니다.

요한계시록,

하나님
나라를
꿈꾸다

하정완 목사와 성경읽기 02

요한계시록, 하나님 나라를 꿈꾸다

지은이 · 하정완
펴낸이 · 이충석
꾸민이 · 성상건
편집디자인 · 자연DPS

펴낸날 · 2015년 2월 16일
펴낸곳 · 도서출판 나눔사
주소 · (우) 122-080 서울특별시 은평구 은평터널로7가길
　　　　20. 303(신사동 삼익빌라)
전화 · 02)359-3429　팩스 02)355-3429
등록번호 · 2-489호(1988년 2월 16일)
이메일 · nanumsa@hanmail.net

ISBN　978-89-7027-163-7-03230

값 8,000원
잘못된 책은 바꾸어 드립니다.

하정완 목사와 성경읽기 02

요한계시록,

하나님
나라를
꿈꾸다

하정완 | 지음

나눔사

성경을 읽어야 사람은 살 수 있다

"태초에 하나님이 천지를 창조하시니라"(창1:1)

하나님이 세상을 창조하셨다, 만드셨습니다. 여기서 잊지 말아야 할
것은 창조 이전의 모습입니다. 창세기는 이렇게 기록하였습니다.

"땅이 혼돈하고 공허하며 흑암이 깊음 위에 있고 하나님의 영은
수면 위에 운행하시니라"(창1:2)

하나님이 창조하시기 전 세상의 진실은 상상할 수 없는 혼란이었고,
어둠이었고, 절망이었습니다. 아무 것도 없었던 완벽한 카오스였습니
다. 이 모습이 세상이었습니다.

그런데 우리도 이 세상의 일부였습니다. 창세기 2장에 나오는 하나
님이 사람을 창조하시는 장면에서 우리의 근거가 기술되는 것을 알 수
있습니다.

"여호와 하나님이 땅의 흙으로 사람을 지으시고"(창2:7)

여기에서 "흙"이라는 말로 사용된 히브리어 '아파르'는, 단순한 흙이 아니라 '찌꺼기 더미'라는 뜻입니다. 그것이 혼돈과 공허한 것의 내용입니다. 우리의 본질적인 모습입니다.

'세상의 본질, 사람의 근거는 허무와 혼돈, 무지와 사악 그리고 무질서, 결핍과 공허였다.' 이것이 창세기가 말하고 있는 이 세상과 사람의 뿌리입니다. 한마디로 말해서 'nothing' 아무 것도 아니었습니다. 그런데 그 같은 허무와 공허에서 하나님이 창조하신 것입니다. 이 창조의 핵심은 말씀이었습니다.

"하나님이 이르시되 빛이 있으라 하시니 빛이 있었고... 그대로 되니라"(창1:3,7)

"빛이 있으라 하시니 빛이 있었다." 세상이 바뀐 것입니다. 혼돈과 어두움이 밝혀진 것입니다. 그러나 중요한 것은 빛이 생긴 것이 아니라, 빛의 원인이 바로 하나님이 말씀하신 것에서 시작되었다는 것입니다. 하나님이 혼돈과 무질서한 세상에 말씀으로 질서를 두신 것입니다. 이 아름다운 창조를 요한복음은 이렇게 기록하였습니다.

"태초에 말씀이 계시니라 이 말씀이 하나님과 함께 계셨으니 이 말씀은 곧 하나님이시니라 그가 태초에 하나님과 함께 계셨고 만물이 그로 말미암아 지은 바 되었으니 지은 것이 하나도 그가 없이는 된 것이 없느니라"(요1:1-3)

창조의 핵심은 말씀이었습니다. 말씀으로 세상을 창조하신 것입니다. 말씀, 곧 성경이 중요한 이유입니다. 우리가 성경을 읽어야 하는 이유입니다. 말씀하는 순간 세상은 공허에서 질서가 잡혔고, 혼돈에서 소망이 생겼고, 죽음에서 생명이 드러났기 때문입니다. 그것이 창세기 1장이 말하고 있는 내용입니다.

"하나님이 이르시되 빛이 있으라 하시니 빛이 있었고"(창1:3)

그러므로 크리스천은 무조건 하나님의 말씀, 곧 성경으로 살아야 합니다. 더욱이 우리의 본질은 혼돈과 공허함이었기 때문입니다. 오로지 성경만이 우리를 다시 새롭게 빚으시고 창조하실 것이기 때문입니다. 성경을 읽어야 사람이 살 수 있는 결정적인 이유입니다. 성경 없이 우리가 살 길은 없기 때문입니다.

성경 66권 전부를 읽고 묵상하는 것은 모든 크리스천의 로망입니다. '하정완 목사와 성경 읽기' 시리즈는 그 같은 로망에 대한 개인적인 응답이자 한국 교회와 함께 하고 싶은 열망이기도 합니다.

이 근사한 성경 읽기를 할 수 있었던 것은 꿈이 있는 교회라는 토양 때문입니다. 그래서 꿈이 있는 교회와 staff들 특히 원고를 정리해준 김유빈 전도사에게 감사를 드리며, 동시에 이 같은 출간을 흔쾌히 받아주신 나눔사 성상건 장로님과 직원들에게도 감사를 드립니다. 그러나 무엇보다 나의 신앙의 큰 지원자인 아내 서은희와 나의 주 하나님께 감사를 드립니다.

성서 한국을 꿈꾸며
하정완 목사

하정완 목사와 성경 읽기
책 사용 가이드

'하정완 목사와 성경 읽기' 시리즈는 성경을 읽되 가능한 깊이 묵상하며 읽는 것을 돕기 위하여 만들어졌습니다. 단순 통독이 아니라 깊은 묵상을 할 수 있도록 준비하였습니다.

1. 가능한 성경 본문을 읽고 생각하십시오.
가장 좋은 방법입니다. 제시된 성경 본문을 먼저 읽는 것입니다. 그리고 자신에게 주신 단어 혹은 구절에 대한 느낌을 꼭 적으시기 바랍니다.

2. 성경을 읽지 않아도 묵상할 수 있게 배려했습니다.
매우 성경 중심으로 글을 썼기 때문입니다. 비록 성경을 읽지 못한 상태로 읽어가도 충분히 이해할 수 있도록 성경을 인용하였습니다.

3. 묵상일기를 남기십시오.
반드시 글을 읽고 난 후에 '묵상' 란에 오늘 말씀을 통하여 깨닫게 된 것을 한 줄이라도 남기셔야 합니다. 일종의 묵상일기입니다.

4. 전체를 이어서 읽어도 됩니다.
매일 한 개씩 읽으면서 진행해도 되지만 전체를 이어 읽으면서 성경을 묵상하는 것도 좋은 방법입니다.

'성경 66권을 묵상하면서 읽다!'
이것이 목표입니다.

:: 차 례 ::

제1부

계시록을 열다

요한계시록을 열다

* Lexio 읽기 / 요한계시록 1:1-3

가능하면 오늘의 본문을 먼저 읽는 것이 좋지만 바로 아래 글을 읽어도 좋습니다. 충분히 본문을 이해하도록 배려하며 글을 썼습니다. 혹시 본문을 읽으신 분은 감동이 오는 말씀이나 단어 혹은 느낌을 간단히 적으시면 좋습니다.

> "예수 그리스도의 계시라 이는 하나님이 그에게 주사 반드시 속
> 히 일어날 일들을 그 종들에게 보이시려고 그의 천사를 그 종 요
> 한에게 보내어 알게 하신 것이라"(계1:1)

요한계시록 1장 1절에서 요한이 언급한 것처럼 "예수 그리스도의 계시" 곧 "반드시 속히 일어날 일들"을 요한에게 알려준 것을 사도 요한이 기록한 것입니다.

> "요한은 하나님의 말씀과 예수 그리스도의 증거 곧 자기가 본 것
> 을 다 증언하였느니라"(계1:2)

요한계시록, 흥분되는 책이지만 동시에 해석에 대한 두려움이 있는 것이 사실입니다. 그런 우리는 요한이 하는 권면을 주의 깊게 들을 필요가 있습니다.

> "이 예언의 말씀을 읽는 자와 듣는 자와 그 가운데에 기록한 것을

지키는 자는 복이 있나니 때가 가까움이라"(계1:3)

요한은 요한계시록을 읽는 자들에게 있을 "복"에 대하여 말하였습니다.

첫째는 "읽는 자", 읽는 것 자체가 중요하다는 말입니다. 이해가 어려운 측면이 있지만 먼저 읽는 것이 중요하다는 것은 하나님의 뜻 알기를 추구한다는 적극적인 표현이기 때문입니다.

둘째는 읽는 것을 넘어서 "듣는 자"가 되어야 한다고 말합니다. '듣는다.' 그 말은 이해하게 되어 뜻을 깨닫게 된다는 말입니다. 그러므로 요한계시록을 읽는 동안 '듣는 귀'가 열리기를 소망합니다.

마지막으로 중요한 것은 "지키는 것"이라고 강조한 것에 주의해야 합니다. 비밀이기 때문입니다. 읽고 이해되어 깨닫게 된 것을 지킬 때 새로운 비밀이 이해될 가능성이 열릴 것입니다. 그러므로 요한계시록의 비밀을 추구하는 자는 반드시 '지킬 것'에 대한 다짐이 필요합니다. 이제 우리는 그 놀라운 비밀의 말씀으로 들어갈 것입니다. 할렐루야!

'요한계시록을 읽는 것만으로 흥분된 일입니다. 기대하는 기도를 먼저 드리시길 바랍니다.'

* Meditatio 묵상
오늘 말씀을 통하여 깨닫게 된 것을 짧게 적어보십시오.

삼위일체 하나님

* Lexio 읽기 / 요한계시록 1:4-8
가능하면 오늘의 본문을 먼저 읽는 것이 좋지만 바로 아래 글을 읽어도 좋습니다. 충분히 본문을 이해하도록 배려하며 글을 썼습니다. 혹시 본문을 읽으신 분은 감동이 오는 말씀이나 단어 혹은 느낌을 간단히 적으시면 좋습니다.

"요한은 아시아에 있는 일곱 교회에 편지하노니 이제도 계시고
전에도 계셨고 장차 오실 이와 그의 보좌 앞에 있는 일곱 영과 또
충성된 증인으로 죽은 자들 가운데에서 먼저 나시고 땅의 임금들
의 머리가 되신 예수 그리스도로 말미암아 은혜와 평강이 너희에
게 있기를 원하노라"(계1:4-5)

우리가 읽은 것처럼 요한이 삼위일체 하나님에 근거하여 인사말을 시작하는 것이 독특합니다. 다른 사도들의 서신에서 볼 수 없는 독특함인데, 이것은 하늘나라를 경험한 요한의 특별한 서술 방식이라 할 수 있습니다.

이 같은 서술에서 성령에 대한 표현을 "일곱 영"이라고 한 것 때문에 이견이 있기도 하지만 신학자들은 성령을 묘사하는 것에 대부분 동의하는 것이 사실입니다. 여기서 일곱 영이란 표현은 '완전한 성령'을 강조하는 것으로 이해하기 때문입니다.

삼위일체 하나님에 대한 기술 중 성부 하나님에 대한 묘사인 "이제도 계시고 전에도 계셨고 장차 오실 이"란 표현은 우리에게 익숙합니다.

요한은 직접 하나님으로부터 그 소리를 들었다고 기록하고 있습니다.

> "주 하나님이 이르시되 나는 알파와 오메가라 이제도 있고 전에
> 도 있었고 장차 올 자요 전능한 자라 하시더라"(계1:8)

　사실 이 같은 기술은 예수 그리스도에 대한 묘사에 더 적절하다고 느껴집니다. 왜냐하면 예수 그리스도께서 시간 안으로 들어오셔서 우리가 시간적으로 경험하였기 때문입니다. 더욱이 "장차 올 자"라고 말할 때 우리는 '재림하실 예수'가 떠오를 만큼 익숙하기 때문입니다. 요한 역시 계시록을 마무리하면서 그 기막힌 주님과의 대화를 적고 있기 때문입니다.

> "이것들을 증언하신 이가 이르시되 내가 진실로 속히 오리라 하
> 시거늘 아멘 주 예수여 오시옵소서"(계22:20)

　이처럼 하나님에 대한 기술이 유사하게 섞여 복잡해지는 이유는 삼위이시지만 한 인격이신 존재이시기 때문입니다. 요한계시록의 시작부터 이해하기 힘든 시작입니다.

　'좀 힘들겠지만 기도하며 겸손함으로 요한계시록을 읽어 내려가길 원합니다. 준비되셨습니까?'

* Meditatio 묵상
오늘 말씀을 통하여 깨닫게 된 것을 짧게 적어보십시오.

나에게 계시가 오지 않는 이유

* Lexio 읽기 / 요한계시록 1:9-11

가능하면 오늘의 본문을 먼저 읽는 것이 좋지만 바로 아래 글을 읽어도 좋습니다. 충분히 본문을 이해하도록 배려하며 글을 썼습니다. 혹시 본문을 읽으신 분은 감동이 오는 말씀이나 단어 혹은 느낌을 간단히 적으시면 좋습니다.

"주의 날에 내가 성령에 감동되어 내 뒤에서 나는 나팔 소리 같은

큰 음성을 들으니"(계1:10)

밧모섬의 요한이 이 기막힌 환상을 통하여 계시를 받은 것은 우리에게도 축복입니다. 요한을 통하여 이 놀라운 비밀이 계시되었기 때문입니다.

순간적으로 우리는 밧모섬이란 곳을 부러워할지도 모릅니다. 그 놀라운 계시적 사건이 벌어진 곳이니까 말입니다. 하지만 정작 중요한 것은 밧모섬이 아니라 사도 요한입니다. 사도 요한이 있는 곳에 성령의 감동으로 계시적 사건이 벌어졌기 때문입니다.

어떻게 보면 요한에게 이 같은 환상이 보여 진 것은 매우 당연한 것이라고 생각합니다. 그의 자신에 대한 서술을 보면 알 수 있습니다.

"나 요한은 너희 형제요 예수의 환난과 나라와 참음에 동참하는

자라 하나님의 말씀과 예수를 증언하였음으로 말미암아 밧모라
하는 섬에 있었더니"(계1:9)

근사합니다. 사도 요한처럼 자신 있게 자신의 삶에 대하여 고백할 수
있다는 것은 부러운 일입니다. 실제 삶에서 우리가 이렇게 살기는 쉽지
않기 때문입니다. 한번 자신의 이름을 적어 넣어서 읽어보십시오.

'나 _____ 은(는) 너희 형제요 예수의 환난과 나라와 참음에 동
참하는 자라.'

어떻게 느껴지십니까? 자연스럽습니까? 아니면 읽기가 민망하십니
까?

오늘 우리 한국 교회와 크리스천의 위기는 "예수의 환난과 나라와 참
음"에 동참하기는커녕 예수를 부끄러워하고, 세상나라를 추구하고, 자
기 연민에 빠져 사는데 있습니다. 그것이 사실입니다. 바로 이런 모습
때문에 우리에게 그 놀라운 환상과 계시가 주어지지 않는 것일지도 모
릅니다.

'이 세상만 추구하는 우리에게 하나님 나라와 환상이 주어지지 않는
것은 당연한 것 아닙니까?'

* Meditatio 묵상
오늘 말씀을 통하여 깨닫게 된 것을 짧게 적어보십시오.

- -

- -

우리의 한계

* Lexio 읽기 / 요한계시록 1:12-17
가능하면 오늘의 본문을 먼저 읽는 것이 좋지만 바로 아래 글을 읽어도 좋습니다. 충분히 본
문을 이해하도록 배려하며 글을 썼습니다. 혹시 본문을 읽으신 분은 감동이 오는 말씀이나
단어 혹은 느낌을 간단히 적으시면 좋습니다.

> "몸을 돌이켜 나에게 말한 음성을 알아 보려고 돌이킬 때에 일곱
> 금 촛대를 보았는데 촛대 사이에 인자 같은 이가 발에 끌리는 옷
> 을 입고 가슴에 금띠를 띠고"(계1:12-13)

"인자 같은 이." 바로 예수 그리스도였습니다. 요한복음의 기록을 보
면 예수의 품에 안겨있던 바로 그 제자인 요한이 오매불망 그리던 예수
그리스도를 만난 것입니다. 하지만 예수 그리스도의 모습은 요한이 알
고 있던 인간 예수가 아니었습니다. 어쩌면 연약해보이기도 하던 그 예
수가 아니었습니다. 그 모습은 영광 자체였습니다. 표현할 수 없는 거
룩이었습니다.

> "그의 머리와 털의 희기가 흰 양털 같고 눈 같으며 그의 눈은 불
> 꽃 같고 그의 발은 풀무불에 단련한 빛난 주석 같고 그의 음성은
> 많은 물 소리와 같으며 그의 오른손에 일곱 별이 있고 그의 입에
> 서 좌우에 날선 검이 나오고 그 얼굴은 해가 힘있게 비치는 것 같
> 더라"(계1:14-16)

이 같은 모습은 다니엘이 본 것과 같은 것이었습니다.

> "그 때에 내가 눈을 들어 바라본즉 한 사람이 세마포 옷을 입었고 허리에는 우바스 순금 띠를 띠었더라 또 그의 몸은 황옥 같고 그의 얼굴은 번갯빛 같고 그의 눈은 횃불 같고 그의 팔과 발은 빛난 놋과 같고 그의 말소리는 무리의 소리와 같더라"(단10:5-6)

한 마디로 말해 표현할 수 없는 존재였던 것입니다. 이때 다니엘은 자신의 상태를 "내 몸에 힘이 빠졌고 나의 아름다운 빛이 변하여 썩은 듯하였고 나의 힘이 다 없어졌으나"(단10:8)라고 말합니다. 요한은 그 상황을 "그의 발 앞에 엎드러져 죽은 자 같이"(계1:17) 되었다고 표현하였습니다. 그러니까 요한이 경험한 것은 하나님이었습니다. 예수 그리스도의 하나님 됨이었습니다.

이 같은 기록은 요한계시록을 읽는데 매우 중요한 태도를 갖게 합니다. 우리가 함부로 해석할 수 없는 상징과 이미지가 복합적으로 뒤덮여 있다는 것을 말하기 때문입니다. 기록해야 할 대상이 하나님이시기 때문입니다.

'하나님에 대한 기록과 묘사는 설명의 한계를 갖고 있습니다. 요한계시록은 그것을 염두에 두고 읽어야 합니다.'

* Meditatio 묵상
오늘 말씀을 통하여 깨닫게 된 것을 짧게 적어보십시오.

- -

- -

네가 본 것과 지금 있는 일과 장차 될 일

* Lexio 읽기 / 요한계시록 1:17-20
가능하면 오늘의 본문을 먼저 읽는 것이 좋지만 바로 아래 글을 읽어도 좋습니다. 충분히 본문을 이해하도록 배려하며 글을 썼습니다. 혹시 본문을 읽으신 분은 감동이 오는 말씀이나 단어 혹은 느낌을 간단히 적으시면 좋습니다.

> "내가 볼 때에 그의 발 앞에 엎드러져 죽은 자 같이 되매 그가 오른손을 내게 얹고 이르시되 두려워하지 말라 나는 처음이요 마지막이니 곧 살아 있는 자라 내가 전에 죽었었노라"(계1:17-18)

하나님의 영광으로 나타난 예수 그리스도 앞에서 요한은 "죽은 자 같이" 되지만 다시 예수님이 오른손으로 요한을 만지시는 순간 회복되었을 것으로 보입니다. 그 따뜻함은 요한이 바로 얼마 전까지 예수의 품 안에서 느끼던 바로 그 따뜻함이었을 것이기 때문입니다. 이처럼 피부까지 저리도록 느껴지는 하나님 됨과 여전히 가슴을 어루만지는 인간 됨의 예수 그리스도를 요한이 느끼면서 그동안 고통스러웠던 시간이 눈 녹듯이 사라지는 경험을 했을 것입니다.

그러므로 요한계시록은 그 같은 다정함과 강력함, 심판과 용서 그리고 계획과 하나님 나라가 어우러질 수밖에 없는 것입니다. 그 기막힌 말씀을 주님이 기록하라고 하신 것입니다.

> "그러므로 네가 본 것과 지금 있는 일과 장차 될 일을 기록하라"
> (계1:19)

우리는 여기서 요한계시록의 구성을 엿볼 수 있습니다. 이 말씀에 따르면 요한계시록은 세 가지 시제가 섞여있음을 알 수 있습니다. 그런데 문제는 과거, 현재 그리고 미래 시제가 정확하게 계시록 안의 어느 부분 부분이라고 말하기가 쉽지 않다는데 있습니다.

　예를 들어 "네가 본 것"을 해석할 때 지금 보고 있는 것으로 해석하기 보다는 "네가 이미 본 것"(공동번역), 즉 과거적인 것들로 말할 수 있습니다. 즉 요한이 하늘에서 보고 있는 것을 기록하지만 그것은 과거에 요한이 보았던 것들을 해석하고 있는 것일 수 있습니다. "지금 있는 일" 역시 마찬가지입니다.

　그런데 그 모든 것들의 묘사를 상징, 이미지, 그림언어 등으로 적어 놓은 것입니다. 더욱이 시간이란 묘사는 하나님에게 중요하지 않기에 과거와 현재와 미래가 통합적으로 묘사될 수밖에 없었을 것 입니다. 그래서 요한계시록이 엄청난 것입니다. 이 책을 통하여 우리는 과거를 돌아보고 현재를 만나며 미래를 경험할 수 있기 때문입니다. 매우 힘든 일이지만 말입니다.

　'요한계시록을 묵상하면서 어쩌면 이전에 몰랐던 놀라운 것들을 깨달을지도 모릅니다. 그러므로 기대하십시오.'

* Meditatio 묵상
오늘 말씀을 통하여 깨닫게 된 것을 짧게 적어보십시오.

제 2 부

오늘의 모습, 일곱 교회

잘못한 것이 보이는가?

* Lexio 읽기 / 요한계시록 2:1-7

가능하면 오늘의 본문을 먼저 읽는 것이 좋지만 바로 아래 글을 읽어도 좋습니다. 충분히 본문을 이해하도록 배려하며 글을 썼습니다. 혹시 본문을 읽으신 분은 감동이 오는 말씀이나 단어 혹은 느낌을 간단히 적으시면 좋습니다.

"그러므로 네가 본 것과 지금 있는 일과 장차 될 일을 기록하라"

(계1:19)

이 같은 말씀을 하시면서 제일 먼저 주님이 언급하신 것은 소아시아의 일곱 교회에 대한 이야기였습니다. 교회에 대한 주님의 말씀은 단순히 현재적 상황만이 아니라 교회들이 걸어왔던 과거와 지금의 모습 그리고 장차 되어 질 일에 대한 것이었습니다.

주님은 요한이 너무나 잘 알고 있는 지식, 곧 소아시아 일곱 교회 이야기를 꺼내어 설명함으로 과거, 현재 그리고 미래가 어떻게 얽혀있는지를 말씀하시는 효과까지 얻고자 한 것으로 보입니다. 계시 곧 묵시에 대한 쉬운 이해일 수 있습니다. 그러므로 일곱 교회에 대한 주님의 말씀을 잘 읽는 것은 요한계시록의 나머지 부분을 잘 읽는 방법을 찾을 수 있게 한다고 말할 수 있습니다. 그것을 기대하면서 같이 읽기 원합니다.

그 처음 꺼낸 교회가 에베소 교회입니다. 사실 에베소 교회는 다른 교회들과는 비교할 수 없을 정도로 근사한 교회입니다. 주님이 매우 심각하게 책망하고 계시지만 사실 그 책망의 내용이라는 것이 매우 형이상학적입니다. 만일 이 같은 에베소 교회를 오늘 현실에 대입한다면 대단히 멋있는 교회라고 평가하고 끝날 것입니다. 에베소 교회의 기막힌 모습을 살짝 정리해보겠습니다.

－네 행위와 수고와 네 인내
－악한 자들을 용납하지 아니한 것
－사도 아닌 자들을 시험하여 그의 거짓된 것을 드러낸 것
－참고 내 이름을 위하여 견디고 게으르지 아니한 것
－니골라 당의 행위를 미워하는 것

일곱 교회 중 칭찬받은 서머나와 빌라델비아 교회와 비교해도 상대가 되지 않을 만큼 괄목한 모습의 교회가 에베소 교회였습니다. 그런데 회개하지 않으면 심판하시겠다는 것입니다. 기막힌 것은 그 잘못이란 것이 매우 형이상학적인 이유, "처음 사랑을 버렸다"는 것이었습니다. 눈에 보이는 것들은 전혀 잘못이 없는데 도무지 가늠할 수 없는 "처음 사랑"을 이유로 든 것입니다. 약간 답답해집니다.

'처음 사랑을 버렸다! 무엇을 잘못했다는 말입니까?'

* Meditatio 묵상
오늘 말씀을 통하여 깨닫게 된 것을 짧게 적어보십시오.

주님을 정말로 사랑하고 있는가?

* Lexio 읽기 / 요한계시록 2:4
가능하면 오늘의 본문을 먼저 읽는 것이 좋지만 바로 아래 글을 읽어도 좋습니다. 충분히 본문을 이해하도록 배려하며 글을 썼습니다. 혹시 본문을 읽으신 분은 감동이 오는 말씀이나 단어 혹은 느낌을 간단히 적으시면 좋습니다.

- -

- -

"너를 책망할 것이 있나니 너의 처음 사랑을 버렸느니라"(계2:4)

기막히게도 무엇을 잘못했는지 모를 수 있습니다. 내가 놓친 처음 사랑은 도대체 무엇인가 하는 질문이 들 수 있습니다. 왜냐하면 여전히 에베소 교회는 살핀 것처럼 인내하고 있고, 악한 자들을 용납하지 않으며, 깊은 신학적 지식으로 이단과 거짓을 분별하며, 주 이름을 위하여 견디며, 더욱이 게으르지도 않습니다. 이것이 사랑 아닙니까? 그런데 주님이 그렇지 않다는 것입니다.

분명 에베소 교회는 억울할 수 있습니다. 열심히 일하였으니까 말입니다. 그것도 모두 주님을 위한 일로 말입니다. 그리고 아무리 본문을 자세히 읽어도 주님이 "처음 사랑을 버렸다"면서 진노하시는 이유는 에베소 교회가 열심히 일한 것 외에는 없습니다.

도대체 무엇이 문제인 것입니까. 주님이 하신 말씀은 이런 것입니다. 처자식을 먹여 살리려고 열심히 일을 하지만 아내와 가족을 '처음처럼 사랑하고 있는가' 하는 질문과 같습니다. 분명 사랑할 시간도 없이 열심히 일했는데 주님은 그것이 못마땅하신 것입니다. 우리가 오해한 것입니다. 주님이 원하신 것을 말입니다. 그러므로 우리가 물어야 할 질문은 사랑에 대한 것입니다. 쉬운성경으로 본문을 읽어보십시오.

> "너를 책망할 일이 한 가지 있다. 그것은 네가 나를 처음만큼 사랑하지 않고 있다는 사실이다"(쉬운성경/계24)

그렇다면 요한계시록은 매우 중요한 시각을 우리에게 요청하고 있는 것입니다. 분명 현상적으로는 근사하고 괜찮은 것이 전혀 그렇지 않을 수 있다는 깨달음입니다.

오늘날도 그럴 수 있습니다. 대단히 근사하고 부요한 교회, 이단들과 싸우고, 세상의 고통을 당하는 자들과 시설들을 돌아보고, 선교사들을 파송하고, 열심을 내는 등 말입니다.

분명히 잘하는 것 같습니다. 그런데 하나님은 다른 의견을 낼지도 모릅니다. '정말로 사랑하고 있는가?' 주님은 마지막 때에 우리가 가져야 할 제일 중요한 질문을 던지고 있었던 것입니다.

'주님을 정말로 사랑하고 있는가? 그렇습니까?'

* Meditatio 묵상
오늘 말씀을 통하여 깨닫게 된 것을 짧게 적어보십시오.

작지만 강한 교회

* Lexio 읽기 / 요한계시록 2:8-11

가능하면 오늘의 본문을 먼저 읽는 것이 좋지만 바로 아래 글을 읽어도 좋습니다. 충분히 본문을 이해하도록 배려하며 글을 썼습니다. 혹시 본문을 읽으신 분은 감동이 오는 말씀이나 단어 혹은 느낌을 간단히 적으시면 좋습니다.

"서머나 교회의 사자에게 편지하라 처음이며 마지막이요 죽었다
가 살아나신 이가 이르시되"(계2:8)

에베소 교회에 이어 주님이 언급하신 서머나 교회는 에베소와 같이 항구도시였습니다. 서머나 교회는 빌라델비아 교회와 함께 칭찬받은 교회입니다.

유심히 읽은 분들은 아시겠지만 에베소 교회와 달리 서머나 교회는 외견상 대단한 교회는 아니었습니다. "궁핍"이라는 표현에서 짐작할 수 있듯이 서머나 교회는 가난한 교회였던 것으로 보입니다. 그런데 고난을 잘 견뎌내고 있었던 것입니다.

"내가 네 환난과 궁핍을 알거니와 실상은 네가 부요한 자니라...
너는 장차 받을 고난을 두려워하지 말라 볼지어다 마귀가 장차
너희 가운데에서 몇 사람을 옥에 던져 시험을 받게 하리니 너희
가 십 일 동안 환난을 받으리라"(계2:9-10)

사실 에베소 교회처럼 부요함 때문에 견디는 고난보다 가난하고 궁핍함 가운데 견뎌내는 고난이 더 힘들다고 할 수 있습니다. 그런데 서머나 교회는 궁핍하지만 범죄 하지 않았고 아름답게 믿음을 지키고 있었습니다. 그래서 주님이 이렇게 선포하신 것입니다. "실상은 네가 부요한 자이다."

잊지 말아야 합니다. 주님은 외형을 보고 계시지 않았던 것입니다. 156년 경 서머나 교회의 초대 감독인 폴리캅이 '로마황제 숭배거부죄'로 화형당할 위기에 처했을 때입니다. 86세인 그에게 예수를 저주하면 용서하겠다는 제안을 합니다. 그때 폴리캅의 대답은 이러하였습니다.

"86년간 나는 그분을 섬겨 왔고, 그분은 나를 한번도 모른다고 한 적이 없는데 내가 어떻게 나의 주님을 모른다고 하란 말인가?"

폴리캅 같이 진정성 있는 신앙을 가진 자들이 있는 교회가 서머나 교회였습니다. '죽도록 충성한 교회.' 작지만 강한 교회였습니다. 아름다움입니다.

'진정 아름다운 교회란 어떤 모습의 교회입니까?'

* Meditatio 묵상
오늘 말씀을 통하여 깨닫게 된 것을 짧게 적어보십시오.

- -

- -

세상문화에 정복당한 교회

* Lexio 읽기 / 요한계시록 2:12-17

가능하면 오늘의 본문을 먼저 읽는 것이 좋지만 바로 아래 글을 읽어도 좋습니다. 충분히 본
문을 이해하도록 배려하며 글을 썼습니다. 혹시 본문을 읽으신 분은 감동이 오는 말씀이나
단어 혹은 느낌을 간단히 적으시면 좋습니다.

- -

- -

"네가 어디에 사는지를 내가 아노니 거기는 사탄의 권좌가 있는

데라"(계2:13)

주님이 "사탄의 권자가 있는 데"라고 표현한 것처럼 버가모 교회는
제우스의 출생지로 제우스 신전과 아테네, 디오니소스, 아스클레피오
스 신전이 있었고, 이와 관련된 수많은 신전들이 가득한 도시였습니다.
이곳에서 신앙을 지키는 것은 쉬운 일이 아니었습니다. 하지만 버가모
교회는 잘 지켜왔습니다. 주님이 언급하신 안디바처럼 말입니다.

"네가 내 이름을 굳게 잡아서 내 충성된 증인 안디바가 너희 가운

데 곧 사탄이 사는 곳에서 죽임을 당할 때에도 나를 믿는 믿음을

저버리지 아니하였도다"(계2:13)

이처럼 과거의 버가모 교회는 안디바라고 하는 아름다운 순교자를
배출한 아름다운 교회였습니다. 하지만 지금은 그런 전통만 자랑하는
교회에 불과하였고, 특별히 발람과 니골라당의 교훈에 넘어가는 잘못

을 범하고 있는 교회였습니다. 사실 발람과 니골라는 같은 의미로 '사람들을 정복하다'라는 뜻을 가지고 있습니다. 이런 의미에서 볼 때 버가모 교회는 무엇인가에 의해서 정복을 당해있는 상태였습니다.

그것은 문화였습니다. 버가모는 20만권의 책을 소장한 도서관과 1만명을 수용할 수 있는 극장이 있는 문화의 중심지였습니다. 그리고 문화적 행위와 종교가 하나였던 당시의 상황에서 버가모 교회는 이스라엘이 문화적인 유혹을 받아 모압 여인과 음행한 것처럼 무너져 내린 것입니다. 주님은 그것을 발람의 이야기를 예로 들면서 회개하라고 요청하신 것입니다.

> "그러나 네게 두어 가지 책망할 것이 있나니 거기 네게 발람의 교훈을 지키는 자들이 있도다 발람이 발락을 가르쳐 이스라엘 자손 앞에 걸림돌을 놓아 우상의 제물을 먹게 하였고 또 행음하게 하였느니라"(계2:14)

오늘날 우리의 위기도 대중문화와 관계가 있습니다. 과거 찬란한 신앙의 역사가 있지만 이미 세속화된 교회의 모습은 버가모 교회가 만난 모습과 다르지 않아 보입니다. 당연히 회개해야 할 상황입니다.

'그러면 우리는 어떻게 무엇을 회개해야 하는 것입니까?'

* Meditatio 묵상
오늘 말씀을 통하여 깨닫게 된 것을 짧게 적어보십시오

혼합종교가 되어버린 교회

* Lexio 읽기 / 요한계시록 2:18-29
가능하면 오늘의 본문을 먼저 읽는 것이 좋지만 바로 아래 글을 읽어도 좋습니다. 충분히 본
문을 이해하도록 배려하며 글을 썼습니다. 혹시 본문을 읽으신 분은 감동이 오는 말씀이나
단어 혹은 느낌을 간단히 적으시면 좋습니다.

> "내가 네 사업과 사랑과 믿음과 섬김과 인내를 아노니 네 나중 행
> 위가 처음 것보다 많도다"(계2:19)

두아디라 교회는 괜찮은 교회였습니다. 주님은 두아디라 교회가 한
일을 알고 있었습니다. 무엇보다 중요한 것은 그들의 "사랑과 믿음과
섬김과 인내"는 처음보다 지금이 더 좋았습니다. 처음 사랑을 잃어버린
에베소 교회와는 다른 교회였습니다.

행위적으로 보면 두아디라 교회는 문제가 없는 것처럼 보였습니다.
그런데 문제가 있었습니다. 주님은 "여자 이세벨을 용납"한 것이라고
지적하셨습니다.

> "그러나 네게 책망할 일이 있노라 자칭 선지자라 하는 여자 이세
> 벨을 네가 용납함이니 그가 내 종들을 가르쳐 꾀어 행음하게 하
> 고 우상의 제물을 먹게 하는도다"(계2:20)

이세벨을 용납하다? 무슨 뜻입니까? 이세벨은 시돈왕 엣 바알의 딸이었는데 이스라엘왕 아합과 결혼한 여자였습니다.(왕상16:31-33) 사실 처음에는 아무런 문제가 없어보였는지 모르지만 시간이 지나면서 이세벨은 바알을 이스라엘에게 집어넣었고 혼합종교화 시켰습니다. 영적인 간음을 주도한 것입니다.

영적인 순결이 훼손된 것입니다. 주님은 이것을 "사탄의 깊은 것"(계2:24)에 넘어간 것이라고 지적하였습니다. 어쩌면 이것은 겉으로 보기에는 건전해보이고, 윤리적으로도 나빠 보이지 않는 어떤 이단의 모습으로 설명할 수도 있습니다. 하지만 구원파가 드러난 것처럼 사실은 엄청난 더러움과 세상적인 추구가 가득 내재된 것입니다.

어쩌면 현재 교회와 크리스천의 모습은 이세벨적인 것, 혼합종교적이거나 비의적 종교 모습을 가지고 있다고 해도 틀리지 않습니다. 이제 필요한 것은 "너희에게 있는 것을 굳게 잡으라"(계2:25)는 말씀처럼 오직 확실한 것, 곧 '말씀, 성경'에 의존하고 돌아가는 것입니다. 그것 외에 다른 길은 분명한 것이 아닐 수 있기 때문입니다.

'우리 안에 있는 혼합종교적인 요소들은 어떤 것이 있는지 살펴보시겠습니까?'

* Meditatio 묵상
오늘 말씀을 통하여 깨닫게 된 것을 짧게 적어보십시오.

- -

- -

그들은 죽은 교회였다

* Lexio 읽기 / 요한계시록 3:1-6

가능하면 오늘의 본문을 먼저 읽는 것이 좋지만 바로 아래 글을 읽어도 좋습니다. 충분히 본문을 이해하도록 배려하며 글을 썼습니다. 혹시 본문을 읽으신 분은 감동이 오는 말씀이나 단어 혹은 느낌을 간단히 적으시면 좋습니다.

> "내가 네 행위를 아노니 네가 살았다 하는 이름은 가졌으나 죽은
>
> 자로다"(계3:1)

지금까지의 교회들보다도 더 많은 책망을 받은 교회는 사데 교회입니다. 주님은 매우 단호하게 "네가 살았다 하는 이름은 가졌으나 죽은 자"라고 말합니다. '죽은 교회'라는 선언이었습니다.

다른 교회들에게는 칭찬할만한 것들을 언급하셨지만 사데 교회에게는 아무 칭찬도 없었습니다. 실제로 칭찬할 것이 없었다는 것입니까? 그런 것이 아니라 '죽은 교회'였기 때문입니다. 어떤 칭찬도 의미가 없었습니다. '그들은 죽은 교회였다.'

물론 완전히 희망이 사라진 것은 아니었습니다. 주님이 아직 포기하신 것은 아니기 때문입니다. 주님이 말씀하신 탈출 방법입니다.

> "너는 일깨어 그 남은 바 죽게 된 것을 굳건하게 하라 내 하나님

앞에 네 행위의 온전한 것을 찾지 못하였노니 그러므로 네가 어떻게 받았으며 어떻게 들었는지 생각하고 지켜 회개하라"(계3:2-3)

우리가 주의해야 할 동사들입니다. "일깨어라, 굳건하게 하라, 생각하라, 지키라, 회개하라." 이 다섯 개의 동사를 좇아 자신을 돌아보아야 합니다. 물론 쉽지 않습니다. 그래서 주님이 이어 언급하신, "더럽혀지지 않은 사람"에게 집중할 필요가 있습니다.

"그러나 사데에 그 옷을 더럽히지 아니한 자 몇 명이 네게 있어 흰 옷을 입고 나와 함께 다니리니 그들은 합당한 자인 연고라"
(계3:4)

"그 옷을 더럽히지 아니한 자가 있다"는 것은 중요합니다. 그것은 가능성이기 때문입니다. 그 사람에게서 우리는 주님이 말씀하신 다섯 개의 동사를 시도하기 위한 신앙의 방법을 배울 수 있기 때문입니다. 그러므로 돌아보십시오. 그 옷을 더럽히지 않은 자와 친구가 되는 것이 중요하기 때문입니다. 그들에게서 그 방법을 찾게 될지도 모르기 때문입니다.

'그 옷을 더럽히지 아니한 자가 보이십니까?'

* Meditatio 묵상
오늘 말씀을 통하여 깨닫게 된 것을 짧게 적어보십시오.

신앙은 능력의 문제가 아니다

* Lexio 읽기 / 요한계시록 3:7-13
가능하면 오늘의 본문을 먼저 읽는 것이 좋지만 바로 아래 글을 읽어도 좋습니다. 충분히 본
문을 이해하도록 배려하며 글을 썼습니다. 혹시 본문을 읽으신 분은 감동이 오는 말씀이나
단어 혹은 느낌을 간단히 적으시면 좋습니다.

> "볼지어다 내가 네 앞에 열린 문을 두었으되 능히 닫을 사람이 없
> 으리라"(계3:8)

서머나 교회와 함께 주님이 책망하지 않은 교회가 빌라델비아 교회
입니다. 주님은 이 아름다운 교회를 위하여 "열린 문"을 두셨습니다.
우리가 가진 세계관으로 해석하면 "열린 문"을 두셨다는 것은 모든 것
이 형통하다는 표현으로 이해할 수 있습니다. 하지만 이상한 것이 있습
니다. 역사적으로 빌라델비아 교회는 에베소 교회처럼 세속적인 견지
에서 소위 성공했거나 대단히 큰 교회가 아니었습니다. 그렇다면 "열린
문"이란 표현도 우리가 생각하는 대형화이거나 세속적 성공과 같은 형
태의 형통이 아니었음을 알 수 있습니다. 그렇다면 "열린 문"을 두었다
는 말은 무엇입니까? 주님은 이렇게 말씀하셨습니다.

> "네가 나의 인내의 말씀을 지켰은즉 내가 또한 너를 지켜 시험의
> 때를 면하게 하리니"(계3:10)

그러니까 "열린 문"이란 야곱이 본 사닥다리 환상처럼 우리가 믿음을 지키고 시험을 이겨나갈 수 있도록 우리 앞에 하나님 나라를 경험하는 열린 문을 두었다고 말씀하신 것입니다. 바로 서머나 교회 앞이 하나님 나라와 연결된 문이었다는 뜻입니다.

그렇다면 빌라델비아 교회가 이 같은 칭찬을 받는 이유는 무엇입니까? 주님은 이렇게 설명하셨습니다.

> "내가 네 행위를 아노니 네가 작은 능력을 가지고서도 내 말을 지키며 내 이름을 배반하지 아니하였도다"(계3:8)

"작은 능력"이란 표현에서 알 수 있듯이 빌라델비아 교회는 외견상 대단한 교회가 아니었습니다. 하지만 그들은 그 "작은 능력"을 가지고 주님의 말씀을 지켰고 주님을 배반하지 않았습니다. 작고 보잘 것 없지만 크고 강력한 교회처럼 세상 앞에 우뚝 서서 최선을 다한 것입니다. 분명 세상적 견지에서 보면 작아 보이지만 하나님이 들락날락 하시는 "열린 문"을 가진 교회가 된 것입니다. 그러므로 잊지 말아야 합니다. 신앙은 능력의 문제가 아니라는 것 말입니다.

'신앙은 능력의 문제가 아닙니다. 그렇다면 무엇의 문제입니까?'

* Meditatio 묵상
오늘 말씀을 통하여 깨닫게 된 것을 짧게 적어보십시오.

열심과 회개

* Lexio 읽기 / 요한계시록 3:14–22

가능하면 오늘의 본문을 먼저 읽는 것이 좋지만 바로 아래 글을 읽어도 좋습니다. 충분히 본문을 이해하도록 배려하며 글을 썼습니다. 혹시 본문을 읽으신 분은 감동이 오는 말씀이나 단어 혹은 느낌을 간단히 적으시면 좋습니다.

> "내가 네 행위를 아노니 네가 차지도 아니하고 뜨겁지도 아니하
> 도다 네가 차든지 뜨겁든지 하기를 원하노라 네가 이같이 미지근
> 하여 뜨겁지도 아니하고 차지도 아니하니 내 입에서 너를 토하여
> 버리리라"(계3:15–16)

뜨거운 것이 하나님 나라를 향한 열망이라면 차가운 것은 하나님 나라에 역행하는 것일 수 있습니다. 그런데 주님은 차가운 것에 문제를 삼은 것이 아니라 미지근한 것을 문제 삼으셨습니다.

'미지근하다!' 그것은 매우 중간적인 상태, 곧 아무 것도 문제가 없어 보이는 것 같은 거짓된 만족의 상태를 말합니다. 사실은 심각한 상태인데 말입니다. 주님은 그것을 부자에 비유하여 말씀하셨습니다.

> "네가 말하기를 나는 부자라 부요하여 부족한 것이 없다 하나 네
> 곤고한 것과 가련한 것과 가난한 것과 눈 먼 것과 벌거벗은 것을
> 알지 못하는도다"(계3:17)

이미 영적으로는 빈궁한 상태인데 미지근한 안락 상태에 라오디게

아 교회는 빠져 있었던 것입니다. 스스로 부자라고 생각했기 때문이었습니다.

이처럼 가장 위험한 상태는 라오디게아 교회처럼 미지근한 상태, 안일함으로 자신을 나태하게 아무런 문제가 없다고 생각하는 상태일 것입니다. 드디어 주님이 미지근한 교회가 갖게 되는 치명적인 모습을 은유적으로 이렇게 그렸습니다.

> "볼지어다 내가 문 밖에 서서 두드리노니 누구든지 내 음성을 듣고 문을 열면 내가 그에게로 들어가 그와 더불어 먹고 그는 나와 더불어 먹으리라"(계3:20)

주님은 밖에서 문을 두드리고 계시는데 열 수 없는 상태를 은유적으로 말씀하신 것입니다. 그렇다면 절대 문을 열 수 없습니다. 문 두드리는 소리가 들리지 않기 때문입니다. 그래서 주님은 이렇게 권면하셨습니다. "네가 열심을 내라 회개하라."(계3:19)

주를 위해 무엇이든 열심을 내는 것, 쉼 없이 자신을 돌아보며 회개함으로 주님 앞에 서는 것은 중요합니다. 최소한 미지근한 상태는 아니기 때문입니다.

'열심과 회개, 이것이 자신이 미지근한 신앙인지 아닌지를 아는 기준입니다. 나는 어떻다고 말할 수 있습니까?'

* Meditatio 묵상
오늘 말씀을 통하여 깨닫게 된 것을 짧게 적어보십시오.

제 3 부

이것이 요한계시록이다

이 일 후에

* Lexio 읽기 / 요한계시록 4:1, 7:1, 19:1
가능하면 오늘의 본문을 먼저 읽는 것이 좋지만 바로 아래 글을 읽어도 좋습니다. 충분히 본문을 이해하도록 배려하며 글을 썼습니다. 혹시 본문을 읽으신 분은 감동이 오는 말씀이나 단어 혹은 느낌을 간단히 적으시면 좋습니다.

"귀 있는 자는 성령이 교회들에게 하시는 말씀을 들을지어다"

(계3:22)

이 말씀은 주님이 일곱 교회의 현주소를 평가하시거나 징계의 메시지 후 주신 것입니다.

여기서 매우 주의해야 할 것은 요한계시록의 성격입니다. 요한계시록의 핵심은 심판이 아니라 격려와 소망에 있기 때문입니다. 아무리 고통스럽더라도 끝까지 견뎌 최후 승리에 이를 것을 소망하는 주님의 마음이 담겨있음을 잊어서는 안 됩니다. 그러므로 주님이 앞으로 보여주시는 모든 내용들은 잘 견뎌낸 교회와 크리스천의 영광에 있음을 잊어서는 안 됩니다.

"이 일 후에 내가 보니 하늘에 열린 문이 있는데 내가 들은 바 처음에 내게 말하던 나팔 소리 같은 그 음성이 이르되 이리로 올라오라 이 후에 마땅히 일어날 일들을 내가 네게 보이리라 하시더라"(계4:1)

"이 일 후에"라는 이 표현은 '요한이 지금 만나고 있는 교회와 세상의 현재를 보여주고 난 후에'라고 말할 수 있습니다. 동시에 "이 일 후에"는 이 세상의 모든 현재가 끝난 후를 암시하는 것이기도 합니다. "이 일 후에", 그러니까 모든 현재가 끝난 후에 일을 주님이 보여주시겠다는 말씀입니다. 곧 4장부터 18장까지 이어질 "마땅히 일어날 일들"을 말합니다.

그렇다면 "이 일 후에", 곧 모든 현재가 끝나고 난 후에 드러나는 것은 무엇이겠습니까? 요한이 "열린 문"을 통하여 들어가 본 것은 "보좌 위에 앉으신 이"(계4:2) 곧 하나님이셨습니다. 처음이면서 마지막이신 하나님이셨습니다. 그런데 그 마지막에 성취될 모습을 "이 일 후에"라는 표현과 함께 7장에 기록하였습니다.

> "이 일 후에 내가 보니 각 나라와 족속과 백성과 방언에서 아무도
> 능히 셀 수 없는 큰 무리가 나와 흰 옷을 입고 손에 종려 가지를
> 들고 보좌 앞과 어린양 앞에 서서"(계7:9)

"이 일 후에" 그것은 우리의 삶이 끝난 후입니다. 그때 만날 세상을 소망하길 원합니다.'

* Meditatio 묵상
오늘 말씀을 통하여 깨닫게 된 것을 짧게 적어보십시오.

하늘나라의 방향성

* Lexio 읽기 / 요한계시록 4:2-11

가능하면 오늘의 본문을 먼저 읽는 것이 좋지만 바로 아래 글을 읽어도 좋습니다. 충분히 본문을 이해하도록 배려하며 글을 썼습니다. 혹시 본문을 읽으신 분은 감동이 오는 말씀이나 단어 혹은 느낌을 간단히 적으시면 좋습니다.

> "이 일 후에 내가 보니 하늘에 열린 문이 있는데... 이리로 올라오
> 라 이 후에 마땅히 일어날 일들을 내가 네게 보이리라"(계4:1)

주님의 기막힌 음성을 듣고 열린 문을 통해 들어가 본 것은 하나님 나라였습니다. 그리고 요한의 눈에 들어온 것은 "보좌 위에 앉으신 이"(계4:2) 곧 하나님이셨습니다. 하나님은 설명할 수 없는 분이셨습니다. 요한의 기술을 보면 알 수 있습니다.

> "앉으신 이의 모양이 벽옥과 홍보석 같고 또 무지개가 있어 보좌
> 에 둘렸는데 그 모양이 녹보석 같더라"(계4:3)

우리에게 하늘이 열려도, 우리가 볼지라도 기록할 수 있는 한계입니다. 묘사할 수 없는 존재이시기 때문입니다. 그런 까닭에 요한의 눈은 금방 하나님 주변에 있는 존재들에게로 모아졌습니다.

요한이 보았던 하늘나라 모습의 핵심은 방향성이었습니다. 우선 첫

번째 보좌에 둘려 있는 이십사 장로들은 흰 옷을 입고 머리에 금관을 쓰고 있었습니다. 그리고 "하나님의 일곱 영"으로 표현된 성령과 사자, 송아지, 사람, 독수리 같은 네 생물이 있었습니다. 모든 것들의 방향은 하나님을 향하고 있었습니다.

이 같은 존재들에 대한 해석은 매우 다양합니다. 그래서 우리는 이 같은 묘사들에 대한 해석에 지극한 관심을 기울였습니다. 그러는 바람에 정작 이것들이 말하고자 하는 것, 그 방향성을 잃어버린 것입니다. 여기서 가장 중요한 것은 그들에 대한 묘사보다 그들의 존재목적입니다. 처음 얘기한 것처럼 그들의 방향은 오로지 하나님이기 때문입니다. 그러므로 이 기록의 핵심은 하늘나라에 존재하는 모든 것들의 목적이 하나님을 높이고 영화롭게 하는 것임을 드러내는 것입니다. 이십사 장로가 고백한 것처럼 이들의 고백에 그 모든 표현이 담겨있다 할 수 있습니다.

> "우리 주 하나님이여 영광과 존귀와 권능을 받으시는 것이 합당하오니 주께서 만물을 지으신지라 만물이 주의 뜻대로 있었고 또 지으심을 받았나이다"(계4:11)

'요한계시록을 읽을 때 가장 중요한 것은 '무엇을 말하고자 하는 가' 입니다. 그 관점에서 보셨습니까?'

* Meditatio 묵상
오늘 말씀을 통하여 깨닫게 된 것을 짧게 적어보십시오.

두루마리와 어린양

* Lexio 읽기 / 요한계시록 5:1-7
가능하면 오늘의 본문을 먼저 읽는 것이 좋지만 바로 아래 글을 읽어도 좋습니다. 충분히 본문을 이해하도록 배려하며 글을 썼습니다. 혹시 본문을 읽으신 분은 감동이 오는 말씀이나 단어 혹은 느낌을 간단히 적으시면 좋습니다.

"내가 곧 성령에 감동되었더니 보라 하늘에 보좌를 베풀었고 그

보좌 위에 앉으신 이가 있는데"(계4:2)

사도 요한의 눈에 들어온 하늘나라의 중심은 보좌에 계신 하나님이셨습니다. 정신없을 만큼 엄청난 거룩의 모습이었을 것입니다. 그 주변은 모두 하나님을 찬양하고 높이는 것으로 집중되었습니다. 하늘나라의 방향성은 모두 하나님에게 있었습니다.

그 거룩한 영광을 경험하면서 요한이 본 것은 "보좌에 앉으신 이" 곧하나님의 오른 손에 들려있는 두루마리였습니다. 일곱 인으로 인봉되어 있었습니다.

"내가 보매 보좌에 앉으신 이의 오른손에 두루마리가 있으니 안

팎으로 썼고 일곱 인으로 봉하였더라"(계5:1)

"성령에 감동된" 요한은 그 두루마리가 무엇인지를 알았을 것입니

다. 하지만 이내 그 봉인된 두루마리는 어느 누구도 "펴거나 보거나 할 자"(계5:3)가 없다는 것도 알았습니다.

그 앞에 선 자신의 '초라함'과 '무지함' 때문에 울고 있는데 장로 중의 한 사람이 가리키고 있는 이가 있었습니다. "일찍이 죽임을 당한 것 같은"(계5:6) "어린양"이었습니다. 우리가 그동안 알고 있는 성경의 지식으로 보면 예수 그리스도임을 알 수 있습니다. 바로 요한 자신이 기록했던 "세상 죄를 지고 가는 하나님의 어린양"(요1:29)이었음을 요한도 알았을 것입니다. 그가 바로 그 봉인된 두루마리를 열 자였습니다.

> "그 어린양이 나아와서 보좌에 앉으신 이의 오른손에서 두루마리
> 를 취하시니라"(계5:7)

이 같은 기록은 생소한 것이 아닙니다. 이미 에스겔 선지자가 봤던 것과 비슷한 두루마리이기도 합니다. 그때 에스겔이 본 내용은 "애가와 애곡과 재앙의 말"(겔2:10)이었습니다. 이후 우리가 요한계시록의 나머지 기록에서 보게 될 것과 같은 것이었음을 알 수 있습니다.

'"하늘 위에나 땅 위에나 땅 아래에 능히 그 두루마리를 펴거나 보거나 할 자"가 없다는 사실을 곧잘 우리는 잊습니다. 그래서 안다고 하는 자들은 위험한 자들입니다.'

* Meditatio 묵상
오늘 말씀을 통하여 깨닫게 된 것을 짧게 적어보십시오.

기도는 심판을 여는 열쇠이다

* Lexio 읽기 / 요한계시록 5:8-14

가능하면 오늘의 본문을 먼저 읽는 것이 좋지만 바로 아래 글을 읽어도 좋습니다. 충분히 본문을 이해하도록 배려하며 글을 썼습니다. 혹시 본문을 읽으신 분은 감동이 오는 말씀이나 단어 혹은 느낌을 간단히 적으시면 좋습니다.

"그 어린양이 나아와서 보좌에 앉으신 이의 오른손에서 두루마리

를 취하시니라"(계5:7)

그 봉인된 두루마리를 어린양이 취하신다는 것은 심판의 전조였습니다. 이어 어린양이 일곱 인을 떼기 시작하면 심판의 역사가 시작되기 때문입니다(계6장). 그런데 여기서 주의할 것이 있습니다. 어린양이 두루마리를 취하기는 하셨지만 일곱 인의 두루마리를 여는 것의 시작은 "성도의 기도들"과 관계있기 때문입니다.

"그 두루마리를 취하시매 네 생물과 이십사 장로들이 그 어린양

앞에 엎드려 각각 거문고와 향이 가득한 금 대접을 가졌으니 이

향은 성도의 기도들이라"(계5:8)

"성도들의 기도"가 하나님의 역사의 종지부를 찍는 열쇠 같은 것이었다는 말입니다. 이토록 놀라운 기도에 대한 암시는 에스겔서에도 기록되어 있습니다.

에스겔서 37장의 아름다운 환상, 마른 뼈들에 살이 붙고 생기가 들어

가 거대한 군대가 되는 환상을 기억할 것입니다. 이 환상은 그 당시 바벨론 땅에 잡혀 있는 이스라엘이 다시 예루살렘으로 돌아가는 부흥과 회복을 예언한 거룩한 비전이었습니다. 하나님은 회복 계획을 세우고 계셨습니다. 그리고 그 계획을 위해 도구로 쓰임 받은 사람이 고레스 왕이었습니다. 이처럼 매우 구체적으로 하나님은 계획을 세우셨고 그 계획은 반드시 이루실 일이었습니다.

> "너희 사방에 남은 이방 사람이 나 여호와가 무너진 곳을 건축하며 황폐한 자리에 심은 줄을 알리라 나 여호와가 말하였으니 이루리라"(겔36:36)

하나님이 모두 하시겠다는 것입니다. 그런데 이어지는 하나님의 말씀이 이상합니다. 기도를 요청하셨기 때문입니다.

> "그래도 이스라엘 족속이 이같이 자기들에게 이루어 주기를 내게 구하여야 할지라"(겔36:37)

성도들의 기도 없이 역사는 없다는 놀라운 말씀이었습니다. 우리의 기도는 의미 없는 요청이 아니라는 사실이었습니다. 놀랍지 않습니까?

'우리의 기도는 끝없이 계속되어야 합니다. 아멘?'

* Meditatio 묵상
오늘 말씀을 통하여 깨닫게 된 것을 짧게 적어보십시오.

천년왕국에 대한 이해 1

* Lexio 읽기 / 요한계시록 20:1-6
가능하면 오늘의 본문을 먼저 읽는 것이 좋지만 바로 아래 글을 읽어도 좋습니다. 충분히 본문을 이해하도록 배려하며 글을 썼습니다. 혹시 본문을 읽으신 분은 감동이 오는 말씀이나 단어 혹은 느낌을 간단히 적으시면 좋습니다.

> "또 내가 보매 천사가 무저갱의 열쇠와 큰 쇠사슬을 그의 손에 가
> 지고 하늘로부터 내려와서 용을 잡으니 곧 옛 뱀이요 마귀요 사
> 탄이라"(계20:1-2)

이제 드디어 우리는 요한계시록의 대부분인 6장에서 17장까지 이어지는 일곱 재앙 시리즈를 만날 것입니다. 사실 이 부분을 어떻게 볼 것인가에 따라 요한계시록 해석은 모습을 달리할 수 있습니다. 본격적으로 읽기에 앞서 기본적인 전제를 나누고자 합니다.

요한계시록의 처음 기록에서 알 수 있듯이 이 책의 일차 수신인은 소아시아의 "일곱 교회"(계1:4)임을 잊어서는 안 됩니다. 그 당시 교회들은 도미티안 황제 시대로 가이사 숭배 요청을 받고 있던 상황이었고, 오로지 가이사에게만 '주'(dominus)라고 호칭해야 했습니다. 즉! 예수님을 주님이라고 부르는 것은 곧 죽음을 의미하였습니다.

초기 교회는 당연히 요한계시록에 등장하는 '바벨론'을 로마로 보았습니다. 계시록은 로마의 멸망을 예고하는 것으로 받아들였고 20장 전

반부의 해석을 문자 그대로 해석하여 로마의 멸망과 천년왕국의 시작이라고 이해하였었습니다. 소위 전천년설입니다. 그런데 복잡한 상황이 벌어집니다. 313년에 기독교가 그동안 바벨론으로 알았던 로마의 공식종교로 인정받게 된 것입니다.

바벨론의 멸망은 로마의 멸망으로 간주하였고 천년왕국의 도래할 것이라고 믿었던 초기교회는 혼란스러웠을 것입니다. 결국 전체적으로 그동안의 해석을 수정해야 했고 요한계시록 해석은 난관에 부딪히게 되었습니다. 그래서 등장한 것이 후천년설이었습니다. 로마 곧 바벨론의 멸망 후 기독교는 더욱 왕성해지고 결국 온 세상이 예수를 믿는 일이 벌어지는데 대략 천년 정도 걸릴 것으로 보았고 그 후에 주님이 재림하실 것이라고 여긴 것입니다.

유세비우스나 어거스틴 등이 주장하였던 후천년설이 500년 이상 설득을 얻지만 이것 역시 기독교가 로마의 지배적인 종교가 된지 천년 가량이 지나도 천년왕국이 이루어지지 않자 다시 전천년설이 힘을 얻기 시작합니다.

'계시록 20장을 읽을 때 당시 크리스천들은 로마의 멸망과 함께 천년왕국이 올 것이라 문자적으로 해석하였습니다. 이해가 되실 것입니다. 그렇지 않습니까?'

* Meditatio 묵상
오늘 말씀을 통하여 깨닫게 된 것을 짧게 적어보십시오.

천년왕국에 대한 이해 2

* Lexio 읽기 / 요한계시록 17:4-14

가능하면 오늘의 본문을 먼저 읽는 것이 좋지만 바로 아래 글을 읽어도 좋습니다. 충분히 본문을 이해하도록 배려하며 글을 썼습니다. 혹시 본문을 읽으신 분은 감동이 오는 말씀이나 단어 혹은 느낌을 간단히 적으시면 좋습니다.

> "또 내가 보매 천사가 무저갱의 열쇠와 큰 쇠사슬을 그의 손에 가
> 지고 하늘로부터 내려와서 용을 잡으니 곧 옛 뱀이요 마귀요 사
> 탄이라 잡아서 천 년 동안 결박하여 무저갱에 던져 넣어 잠그고
> 그 위에 인봉하여 천 년이 차도록 다시는 만국을 미혹하지 못하
> 게 하였는데"(계20:1-3)

예수의 초림과 교회의 시작은 사탄이 결박당한 상황, 곧 천년왕국 시대라고 보았습니다. 하지만 중세교회의 부패, 심지어 교황이 바벨론의 짐승으로 간주될 만큼 부패해지자 더 이상 후천년설은 설득력을 얻을 수 없었습니다. 그러자 다시 전천년설이 등장하였는데, 모양을 달리한 세대주의적 전천년왕국설이었습니다. 이 같은 해석은 요아킴 같은 이들이 주도했습니다. 소위 시한부종말론 같은 입장이 나오는 환경을 만들었습니다.

가장 중요한 변화는 4장에서 22장까지의 기록을 앞으로 일어날 미래적 종말 사건으로 해석한 것입니다. 그런 까닭에 과거에 로마와 연결시켜서 해석했던 것들을 현재와 미래적 상황과 연결시켜 해석하기 시작

한 것입니다. 예를 들어 "큰 바벨론, 일곱 머리와 열 뿔 가진 짐승"(계 17장)의 비밀을 로마의 황제들로 해석하는 것이 일반적이었는데, 다가올 미래적 사건으로 해석하자 EU와 중동국가, 러시아, 중국 등과 연결시키기 시작한 것입니다. 물론 계속 수정 보완되어가는 상황이긴 하지만 사탄이 주도가 된 세계정부의 시작과 앞으로 다가올 종말 사건에 대한 것으로 요한계시록을 보기 시작한 것입니다. 상당수의 이단들이 등장하는 지점이고 앞으로도 등장할 가능성의 지점입니다.

이 같은 해석은 요한계시록을 단순히 1세기 기독교인을 향한 계시록이 아니라 미래, 곧 오늘 우리에게도 해당되는 계시로 읽으려는 시도 때문입니다. 그렇다면 이 같은 확장된 해석이 옳은 것인가 하는 질문이 생깁니다.

앞으로 요한계시록 읽기는 처음에 지적한 것처럼 요한 당시의 시대적 상황과 하늘에서 본 상황이 혼합되어 있는 것을 어떻게 공정하게 보느냐에 초점을 맞출 것입니다. 여하튼 종말, 미래의 단초가 여기에 있는 것은 확실하기 때문입니다.

'요한계시록은 우리를 흥분시킵니다. 무엇보다 미래에 대한 실마리를 볼 수 있기 때문입니다. 그렇다면 소위 신령한 해석보다 더 주의해야 합니다. 잊지 마십시오.'

* Meditatio 묵상
오늘 말씀을 통하여 깨닫게 된 것을 짧게 적어보십시오.

이것이 요한계시록이다

* Lexio 읽기 / 요한계시록 6:1

가능하면 오늘의 본문을 먼저 읽는 것이 좋지만 바로 아래 글을 읽어도 좋습니다. 충분히 본문을 이해하도록 배려하며 글을 썼습니다. 혹시 본문을 읽으신 분은 감동이 오는 말씀이나 단어 혹은 느낌을 간단히 적으시면 좋습니다.

> "내가 보매 어린양이 일곱 인 중의 하나를 떼시는데 그 때에 내
> 가 들으니 네 생물 중의 하나가 우렛소리 같이 말하되 오라 하기
> 로"(계6:1)

일곱 인 재앙의 시작입니다. 그동안 한국교회를 시끄럽게 하였던 시한부종말론 주장자들의 논리적 기반은 요한계시록입니다. 일종의 신비로운 영적인 해석을 하였다고 주장하면서 계시록을 마구 문자적으로 해석한 것입니다. 김세윤 박사가 지적했듯이 요한계시록에서 '종말에 대한 정교한 시나리오'를 얻으려한 것입니다.

이 같은 '시나리오'를 찾으려는 관심 때문에 요한계시록이 1세기 초기 교회, 특히 바벨론으로 상징되는 로마제국에 압제 당하는 교회를 향한 묵시적 메시지라는 측면을 잃어버립니다. 그래서 요한이 당시 상황을 묵시적으로 표현한 것들을 미래에 일어날 사건들로 해석한 것입니다. 더 심각한 것은 그 기록들을 모두 문자적으로 받아들인 것입니다. 이 같은 해석들은 신학을 제대로 공부하지 않았지만 소위 직통계시를

받은 신령한(?) 이들에 의해서 해석되었습니다. 한바탕 휩쓸고 갔던 시한부 종말론자들의 운동과 아직도 세대주의적 종말론 입장에서 해석을 시도하는 이들이 있다는 것은 우려할 일입니다.

물론 일곱 인의 재앙으로 시작되는 환난의 기록이 그 당시 상황을 묵시문학적 접근으로 표현한 것이라는 단순한 접근을 지지하는 것은 아닙니다. 그것 역시 문제가 있습니다. 당연히 요한계시록을 해석하되 열어놓아야 한다는 뜻입니다. 한 가지 분명한 것은 '팍스 로마나'라는 세상적인 유혹을 가진 달콤한 복음을 단순히 로마 당시로만 제한해서는 안 된다는 것입니다.

분명히 요한계시록은 심판과 종말 이후의 세상, 하나님 나라의 현실적 도래를 설명하고 있기 때문입니다. 그러므로 분명 요한은 그 당시의 상황을 이해로 소아시아 교회의 고통 받는 크리스천들을 향한 주님의 묵시적 메시지를 기록한 것입니다. 그러기에 그 당시 사건들과 일어날 것들을 묵시적으로 표현했지만 동시에 오늘 현재를 사는 우리에게도 적용되는 미래적 묵시적 메시지가 존재한다는 사실입니다. 이것이 요한계시록입니다.

'요한계시록을 어떻게 보고 싶으십니까?'

* Meditatio 묵상
오늘 말씀을 통하여 깨닫게 된 것을 짧게 적어보십시오.

요한계시록의 목적

* Lexio 읽기 / 요한계시록 7:9-17
가능하면 오늘의 본문을 먼저 읽는 것이 좋지만 바로 아래 글을 읽어도 좋습니다. 충분히 본문을 이해하도록 배려하며 글을 썼습니다. 혹시 본문을 읽으신 분은 감동이 오는 말씀이나 단어 혹은 느낌을 간단히 적으시면 좋습니다.

> "이 일 후에 내가 네 천사가 땅 네 모퉁이에 선 것을 보니 땅의 사
> 방의 바람을 붙잡아 바람으로 하여금 땅에나 바다에나 각종 나무
> 에 불지 못하게 하더라"(계7:1)

일곱 인 재앙의 시작의 원형적 메시지는 도미티아누스 통치 이후 벌어진 일련의 로마제국 쇠퇴와 멸망까지 이르는 것을 묵시적으로 기록한 것입니다.

물론 이 같은 역사적 사건들, 특히 로마 시대와 관련된 묵시라는 것에 (요한계시록의 시대적 현재) 동의하지만 이미 논의한 것처럼 미래적 묵시도(오늘 우리 시대를 포함한 미래) 들어있음을 배제해서는 안 됩니다.

이렇게 해석이 가능한 것은 역사의 반복 때문입니다. 마치 사사기에 나타난 이스라엘의 범죄와 타락-침략과 노예생활-회개와 간구-사사와 구원 도식처럼 말입니다. 주님이 보여주신 계시록의 묵시들이 분명 그 시대의 정황을 담고 있지만 동시에 오늘 우리 시기를 넘어 마지막

종말까지를 담고 있는 것입니다. 왜냐하면 요한계시록의 끝, "이 일 후에"의 표현은 최후 승리를 이룬 교회와 크리스천의 영광을 현저히 보여주고 있기 때문입니다.

> "이 일 후에 내가 보니 각 나라와 족속과 백성과 방언에서 아무도 능히 셀 수 없는 큰 무리가 나와 흰 옷을 입고 손에 종려 가지를 들고 보좌 앞과 어린양 앞에 서서 큰 소리로 외쳐 이르되 구원하심이 보좌에 앉으신 우리 하나님과 어린양에게 있도다"(계7:9-10)

이제 요한계시록을 해석하는 접근의 시작은 그 시대의 역사적 정황에서 본문을 읽는 것입니다. 두 번째는 그 기록들을 표현하고 있는 묵시문학적 표현과 기법들을 유심하게 살피고 염두에 두어 읽는 것입니다. 세 번째는 1세기 이후 지금까지 있었던 역사적 사건들 속에 등장한 경우들을 적용해보는 것이고 마지막으로 다가올 미래에 대한 관심으로 읽는 것입니다.

그러나 한 가지 반드시 기억할 것은 요한계시록의 목적이 심판을 경고하는 것과 함께 동시에 고통 받는 크리스천과 교회의 최후 승리를 예언하므로 위로하고 격려하려는 목적에 있다는 사실입니다.

'주를 믿는 자들에게 심판은 없습니다. 알고 계시죠?'

* Meditatio 묵상
오늘 말씀을 통하여 깨닫게 된 것을 짧게 적어보십시오.

제 4 부

내일, 일곱 인과 일곱 나팔

일곱 개의 인을 떼기 시작하다

* Lexio 읽기 / 요한계시록 6:1-8
가능하면 오늘의 본문을 먼저 읽는 것이 좋지만 바로 아래 글을 읽어도 좋습니다. 충분히 본
문을 이해하도록 배려하며 글을 썼습니다. 혹시 본문을 읽으신 분은 감동이 오는 말씀이나
단어 혹은 느낌을 간단히 적으시면 좋습니다.

> "그 두루마리를 취하시매 네 생물과 이십사 장로들이 그 어린양
> 앞에 엎드려 각각 거문고와 향이 가득한 금 대접을 가졌으니 이
> 향은 성도의 기도들이라"(계5:8)

성도들의 기도가 담긴 금 대접 앞에서 어린양이 두루마리를 취하시
고 봉인을 떼자 일곱 인의 재앙이 시작되었습니다. 그런데 자세히 보면
첫 번째부터 네 번째 재앙은 한 그룹으로 묶을 수 있는 것으로, 세상이
파괴되는 내용을 보여주고 있습니다.

> "내가 보니 흰 말이 있는데 그 탄 자가 활을 가졌고 면류관을 받
> 고 나아가서 이기고 또 이기려고 하더라"(계6:2)

흰 말을 탔기 때문에 그리스도로 착각할 수 있지만 그리스도는 승리
한 존재이기에 "이기려고 하는" 존재는 유사 그리스도라고 볼 수 있습
니다. 동시에 위협적인 강력한 정복자 이미지도 함께 있습니다. 사실
세상의 힘이란 종교적 순종을 요구하기에 그렇습니다.

두 번째 인을 떼자 드러난 것은 "붉은 말"과 "그 탄 자"(계6:3-4)가 주도하는 세상이었는데, 그 세상은 서로가 서로를 죽이는 약육강식의 세상 구조였습니다.

세 번째 인을 뗐을 때는 "검은 말"을 "그 탄 자"(계6:5-6)의 등장이었고, 그 묘사하는 것은 세상에 넘쳐나는 기근이었습니다. 그리고 이어서 네 번째 인을 뗐을 때는 "청황색 말"과 "그 탄 자"가 등장했는데 그 이름은 "사망"(계6:7-8)이었습니다.

결국 이 세상, 곧 종교적 모습을 갖추기까지 힘을 가진 세력들이 침략과 정복전쟁을 주도하고 그 싸움은 상호적으로 일어나는데 단순히 전쟁의 문제만이 아니라 세상은 기근과 가난이 난무하고 결국은 사망 곧 멸망의 길로 들어선다는 내용입니다. 사실 이것은 요한계시록이 기록된 시대의 모습이었습니다.

그런데 이상하게 이 그림에서 과거 역사, 더 가까이는 오늘 우리가 살고 있는 세상의 모습이 보인다는 것입니다. 그렇다면 "사망"이 모든 것의 결론이 되는 것인가 하는 질문이 생깁니다.

'이 세상 역사의 종말은 사망으로 귀결되는 것입니까?'

* Meditatio 묵상
오늘 말씀을 통하여 깨닫게 된 것을 짧게 적어보십시오.

하나님의 구원계획 안에

* Lexio 읽기 / 요한계시록 6:9-17

가능하면 오늘의 본문을 먼저 읽는 것이 좋지만 바로 아래 글을 읽어도 좋습니다. 충분히 본문을 이해하도록 배려하며 글을 썼습니다. 혹시 본문을 읽으신 분은 감동이 오는 말씀이나 단어 혹은 느낌을 간단히 적으시면 좋습니다.

> "내가 보매 청황색 말이 나오는데 그 탄 자의 이름은 사망이니 음
> 부가 그 뒤를 따르더라 그들이 땅 사분의 일의 권세를 얻어 검과
> 흉년과 사망과 땅의 짐승들로써 죽이더라"(계6:8)

사망의 권세는 땅의 1/4을 지배하는 권한이었습니다. 이것이 의미하는 바는 분명합니다. 하나님 외에 어느 누구도 절대적 권력을 갖고 있지 않다는 의미입니다. 어쨌든 이 엄청난 사망의 소용돌이는 종말의 특징입니다. 그렇다면 교회는, 크리스천은 어떻게 되는가 하는 질문이 생길 것입니다. 그것에 대한 대답이 다섯 번째 인을 뗄 때 드러났습니다.

> "다섯째 인을 떼실 때에 내가 보니 하나님의 말씀과 그들이 가진
> 증거로 말미암아 죽임을 당한 영혼들이 제단 아래에 있어 큰 소
> 리로 불러 이르되 거룩하고 참되신 대주재여 땅에 거하는 자들을
> 심판하여 우리 피를 갚아 주지 아니하시기를 어느 때까지 하시려
> 하나이까"(계6:9-10)

그리고 이어진 대답은 "그 수가 차기까지"(계6:11) 계속된다는 것이었습니다. 믿는 자들에게도 고난과 환난이 계속된다는 뜻입니다. 이 같은 것은 이미 초기교회의 순교의 역사와 지금도 일어나고 있는 순교적 상황을 볼 때 이해되는 내용입니다. 하지만 동시에 이 말에는 곧 끝이 날 것이라는 메시지가 담겨있음을 알 수 있습니다.

여섯 번째 인, 그것은 "진노의 큰 날"(계6:17)의 도래를 말하는 것이었습니다. 이것은 우주적 종말의 도래였습니다.

"여섯째 인을 떼실 때에 큰 지진이 나며 해가 검은 털로 짠 상복
같이 검어지고 달은 온통 피 같이 되며 하늘의 별들이 무화과나
무가 대풍에 흔들려 설익은 열매가 떨어지는 것 같이 땅에 떨어
지며 하늘은 두루마리가 말리는 것 같이 떠나가고"(계6:12-14)

일곱 인의 재앙만으로 이 세상의 멸망과 교회와 크리스천을 향한 구원의 계획이 다 제시되어 있습니다. 여기서 요한계시록이 끝나도 좋을 정도의 묵시입니다.

'종말은 중요하지 않습니다. 우리는 하나님의 구원계획 안에 있기 때문입니다. 아시겠습니까?'

* Meditatio 묵상
오늘 말씀을 통하여 깨닫게 된 것을 짧게 적어보십시오.

- -

- -

하나님의 배려

* Lexio 읽기 / 요한계시록 7:1-8
가능하면 오늘의 본문을 먼저 읽는 것이 좋지만 바로 아래 글을 읽어도 좋습니다. 충분히 본
문을 이해하도록 배려하며 글을 썼습니다. 혹시 본문을 읽으신 분은 감동이 오는 말씀이나
단어 혹은 느낌을 간단히 적으시면 좋습니다.

"그들의 진노의 큰 날이 이르렀으니 누가 능히 서리요 하더라"

(계6:17)

여섯 번째 인을 떼는 것은 우주적 종말을 의미하였습니다. 물론 다
섯 번째 인을 떼는 것을 통해 순교당한 영혼들의 신원을 말하지만 종말
적 상황의 심각함은 "누가 능히 서리요"라는 질문을 하기에 이르렀다
고 할 수 있습니다. 그런데 일곱 번째 인을 떼는 것이 진행되기 전에 7
장이 위치한 것입니다.

7장은 일곱 인의 재앙을 푸는 것과 관계없이 들어온 삽입 부분으로 '
막간'(intermezzo)이라고 부릅니다. 어떤 의도를 가지고 주님이 보여주
신 것입니다. 그렇다면 7장의 의미는 종말적인 상황에서 교회와 크리
스천들을 위한 하나님의 배려라고 할 수 있습니다.

"이 일 후에 내가 네 천사가 땅 네 모퉁이에 선 것을 보니 땅의 사
방의 바람을 붙잡아 바람으로 하여금 땅에나 바다에나 각종 나무

에 불지 못하게 하더라"(계7:1)

이 기록은 전형적인 묵시문학적 양식으로 온 세상을 상징하는 "땅 네 모퉁이"와 재앙과 환난을 상징하는 "바람"을 하나님의 대리인인 "네 천사"가 붙잡고 있다는 것을 통해 "누가 능히 서리요"라는 질문에 답하고 있음을 알 수 있습니다.

"바람을 붙잡는" 것은 하나님의 의지입니다. 그 행위는 "하나님의 종들의 이마에 인치기까지"(계7:3) 진행되도록 하였습니다. 마치 이스라엘 백성이 출애굽 당시 어린양의 피를 문설주에 바름으로 사망의 저주가 피해간 것을 연상시킵니다.

상징적으로 이스라엘의 열두지파와 일만이천으로 묘사되는 것은 새 이스라엘, 구약의 성취로서 구원받은 모든 하나님의 백성들을 말하고 있음을 알 수 있습니다. 문자 그대로 144,000명이 아니라 상징적인 의미로서 말입니다. 그런데 아직도 일부 이단들은 이 숫자를 실제적 숫자라고 주장하며 사람을 채워가는 무지한 시도를 합니다. 그런데 그런 주장에 넘어가니 참 답답한 노릇입니다.

'우리를 향한 하나님의 목적은 구원입니다. 우리는 어린양의 보혈로 인침 받은 존재입니다. 잊지 마십시오.'

* Meditatio 묵상
오늘 말씀을 통하여 깨닫게 된 것을 짧게 적어보십시오.

흰 옷 입은 자들

* Lexio 읽기 / 요한계시록 7:9-17

가능하면 오늘의 본문을 먼저 읽는 것이 좋지만 바로 아래 글을 읽어도 좋습니다. 충분히 본문을 이해하도록 배려하며 글을 썼습니다. 혹시 본문을 읽으신 분은 감동이 오는 말씀이나 단어 혹은 느낌을 간단히 적으시면 좋습니다.

> "내가 인침을 받은 자의 수를 들으니 이스라엘 자손의 각 지파 중
> 에서 인침을 받은 자들이 십사만 사천이니"(계7:4)

144,000명의 의미에 대한 여러 해석들이 있지만 보통 구약의 열두지파와 신약의 열두제자가 결합된 숫자로 구원받은 모든 하나님의 백성을 말하는 것으로 해석합니다.

이 같은 기록은 이 세상의 모습을 묵시적으로 읽은 것입니다. 그런데 요한이 하늘나라의 관점에서 이것들을 봅니다. 이미 설명한 것처럼 144,000명은 구체적인 숫자의 의미가 아니라 모든 구원받은 하나님의 백성을 말하는 것임을 요한은 하늘에서 확인합니다. 그것의 의미가 "아무도 능히 셀 수 없는 큰 무리"(계7:9)라는 것을 확인한 것입니다.

> "이 일 후에 내가 보니 각 나라와 족속과 백성과 방언에서 아무도
> 능히 셀 수 없는 큰 무리가 나와 흰 옷을 입고 손에 종려 가지를
> 들고 보좌 앞과 어린양 앞에 서서"(계7:9)

그리고 장로 중 한 사람이 구체적으로 "인침을 받은 자"에 대한 설명을 합니다. 그들은 "흰 옷 입은 자들"(계7:13)인데, 어린양의 피로 깨끗하게 된 것임을 요한은 압니다.

> "그가 나에게 이르되 이는 큰 환난에서 나오는 자들인데 어린양
> 의 피에 그 옷을 씻어 희게 하였느니라"(계7:14)

그들은 모두 구원의 완성에 참여하고 있었습니다. 하늘나라의 모습이었습니다. 이것은 그 당시만이 아니라 전 시대를 통틀어 고통 받고 있는 교회와 크리스천을 포함하여 믿는 이들을 향한 하나님의 구원임을 알게 하는 것이었습니다. 그러므로 그 구원의 완성은 하나님을 영원히 찬양 하는 것이지만(계7:15) 요한은 하나님의 위로가 더 깊이 보였던 것 같습니다.

> "보좌 가운데에 계신 어린양이 그들의 목자가 되사 생명수 샘으
> 로 인도하시고 하나님께서 그들의 눈에서 모든 눈물을 씻어 주실
> 것임이라"(계7:17)

'우리는 어린양의 피로 깨끗케 되었습니다. 절대로 흔들리지 마십시오.'

---

* Meditatio 묵상
오늘 말씀을 통하여 깨닫게 된 것을 짧게 적어보십시오.

- -

- -

심판을 시작하게 하는 기도

* Lexio 읽기 / 요한계시록 8:1-6
가능하면 오늘의 본문을 먼저 읽는 것이 좋지만 바로 아래 글을 읽어도 좋습니다. 충분히 본문을 이해하도록 배려하며 글을 썼습니다. 혹시 본문을 읽으신 분은 감동이 오는 말씀이나 단어 혹은 느낌을 간단히 적으시면 좋습니다.

주님은 요한에게 7장 막간을 통해 심판의 저주가 교회와 크리스천에게는 관계없다는 것을 보여주셨습니다. 이어서 일곱째 인을 떼셨습니다. 그 일곱째 인은 마지막이 아니라 새로운 시작이었습니다. 일곱 천사가 일곱 나팔을 부는 것으로 시작되는 재앙이었습니다.

여기서 우리가 주의해야 할 것은 일곱 나팔 재앙이 시작되기 전에 하나님 앞에 드려지는 기도가 담긴 금향로입니다. 놀랍게도 나팔 재앙의 시작은 성도들의 기도가 담긴 금향로를 쏟을 때부터였습니다.

> "향연이 성도의 기도와 함께 천사의 손으로부터 하나님 앞으로
> 올라가는지라 천사가 향로를 가지고 제단의 불을 담아다가 땅에
> 쏟으매 우레와 음성과 번개와 지진이 나더라"(계8:4-5)

성도의 기도는 하나님의 심판을 시작하게 하는 스타터 같은 것이었습니다. 성도의 기도가 실제적인 능력으로 나타났기 때문입니다. 그런데 우리는 아쉽게도 우리 자신이 하는 기도의 능력을 실감하지 못합니

다. 하지만 우리가 실감하든 실감하지 못하든 기도에 능력이 있다는 것을 요한계시록이 우리에게 말하고 있음을 잊어서는 안 됩니다.

그런데 재미있는 것은 일곱 나팔 재앙의 시작만이 아니라 이미 일곱인 재앙의 시작에도 성도들의 기도가 담긴 금 대접과 관계가 있음을 보았습니다(계5:8).

뿐만 아니라 이어지는 마지막 재앙 시리즈인 대접 재앙 역시 그 시작은 금 대접과 관계가 있습니다. 성경은 "하나님의 진노를 가득히 담은 금 대접 일곱을 그 일곱 천사들에게"(계15:7) 건네는 것으로 시작됩니다. 물론 하나님의 진노가 담겼기에 기도가 아닐 것이라 생각할 수 있지만 문맥상 기도는 신원의 기도이고 그것이 하나님의 진노를 일으켜 심판을 시작한다고 볼 때 금 대접의 내용은 성도의 기도임을 알 수 있습니다. 그렇다면 세 개의 재앙 시리즈는 어떤 연관성이 있는 것임에 틀림이 없습니다.

'무엇보다 중요한 것은 우리가 드리는 기도입니다. 기도가 우리의 능력임을 잊어서는 안 됩니다.'

* Meditatio 묵상
오늘 말씀을 통하여 깨닫게 된 것을 짧게 적어보십시오

- -

- -

재앙 시리즈의 구조

- -

- -

"일곱째 인을 떼실 때에… 하나님 앞에 일곱 천사가 서 있어 일곱

나팔을 받았더라"(계8:1-2)

일곱째 인을 떼는 것과 함께 일곱 나팔 재앙이 시작되었습니다. 이
같은 시리즈를 어떻게 이해할 것인가 하는 부분에서 또 다른 시리즈 재
앙이라고 보는 견해와 일곱 인 재앙 시리즈 안의 연속된 것으로 보는
견해 등이 있었습니다.

그러나 주의해야 할 것은 재앙의 시작이 성도들의 기도와 관계있다
는 것입니다. 즉 시작의 형태가 같다는 말은 다른 시리즈의 시작일 수
도 있지만 같은 재앙의 시리즈를 다른 각도에서 보여주고 있다고 말할
수 있기 때문입니다.

전체적으로 세 개의 재앙 시리즈는 그 구조가 재앙의 시작(5:8, 8:3-
4, 15:7), 재앙의 내용(6장-7:4, 8장-13장, 15장-18장), 분명한 승리
(7:9-12, 14:3, 19:1) 그리고 승리한 성도들의 모습(7:14, 14:4-5, 19:8)으
로 구성되어 있습니다. 특히 재앙의 시작의 동일성과 함께 재앙의 끝으
로 승리에 대한 기록과 승리한 성도들의 모습이 같다는 것은 전혀 다른

세 가지 재앙이라는 견해보다 한 가지 재앙의 세 가지 다른 형태의 기술이라 볼 수도 있다는 뜻입니다.

> "이 일 후에 내가 보니 각 나라와 족속과 백성과 방언에서 아무도 능히 셀 수 없는 큰 무리가 나와 흰 옷을 입고 손에 종려 가지를 들고 보좌 앞과 어린양 앞에 서서"(계7:9/일곱 인 재앙 시리즈)

> "그들이 보좌 앞과 네 생물과 장로들 앞에서 새 노래를 부르니 땅에서 속량함을 받은 십사만 사천 밖에는 능히 이 노래를 배울 자가 없더라"(계14:3/일곱 나팔 재앙 시리즈)

> "이 일 후에 내가 들으니 하늘에 허다한 무리의 큰 음성 같은 것이 있어 이르되 할렐루야 구원과 영광과 능력이 우리 하나님께 있도다"(계19:1/일곱 대접 재앙 시리즈)

한 가지 분명한 것은 재앙의 시작과 재앙의 내용입니다. 일곱 인 재앙이 현상적인 것들에 집중했다면 일곱 나팔 재앙은 더 많은 상징을 가지고 소위 하늘나라에서만 볼 수 있는 영적인 시각으로 집중했다는 점이 독특합니다.

'재앙이 있다. 그것은 분명합니다. 그것은 우리의 죄와 관계있습니다. 이것을 놓치지 말고 읽어가야 합니다.'

* Meditatio 묵상
오늘 말씀을 통하여 깨닫게 된 것을 짧게 적어보십시오.

일곱 나팔 재앙

* Lexio 읽기 / 요한계시록 8:7-13

가능하면 오늘의 본문을 먼저 읽는 것이 좋지만 바로 아래 글을 읽어도 좋습니다. 충분히 본문을 이해하도록 배려하며 글을 썼습니다. 혹시 본문을 읽으신 분은 감동이 오는 말씀이나 단어 혹은 느낌을 간단히 적으시면 좋습니다.

> "천사가 향로를 가지고 제단의 불을 담아다가 땅에 쏟으매 우레
> 와 음성과 번개와 지진이 나더라"(계8:5)

일곱째 인을 떼자 시작된 것은 일곱 인 재앙의 시작과 같이 금 향로에 담긴 성도의 기도가 연기로 하나님 앞에 올라가는 것이었습니다. 그때 일곱 나팔 재앙이 시작되었습니다.

앞에서도 언급했지만 일곱 나팔 재앙은 일곱 인의 재앙과 다른 또 다른 재앙의 연대기적인 연속이라기보다 '좀 더 격렬한 수준에서 첫 번째 주기의 고쳐진 이야기'(M. 유진 보링, 요한계시록, 한국장로교출판사, 204)라고 보는 것이 적절할 것입니다.

예를 들어 6장 13절 일곱 인의 재앙에서는 "하늘의 별들이... 땅에 떨어지며"라고 기록하고 있지만 오늘 본문인 8장 12절에서는 "별들의 삼분의 일이 타격을 받았다"고 기록하고 있습니다. 더 구체적으로 심해진 상황을 기록하고 있음을 알 수 있습니다.

일곱 인의 재앙에서도 설명했듯이 점점 심화되어가는 종말의 현상을 말하고 있음은 분명합니다. 일곱 인의 재앙이 우주적 종말에 초점을 맞춘 거시적인 측면이 강조되었다면 일곱 나팔 재앙은 좀 더 이 세상에 초점을 맞추어 기록되고 있음을 알 수 있습니다.

첫 번째 나팔을 불 때(계8:7) 드러난 땅, 수목 그리고 각종 푸른 풀의 삼분의 일이 타버린 사건은 현재 진행되고 있는 지구의 사막화 현상을 떠오르게 합니다.

그리고 두 번째 나팔을 불 때(계8:8-9)는 바다가 황폐해짐을, 세 번째 나팔을 불 때(계8:10-11)는 물의 오염의 심각성을 말하고 있습니다. 마지막으로 네 번째 나팔을 불 때(계8:12) 벌어지는 것은 지구를 둘러싼 위기들, 태양계의 위험이 가져오는 기후 등의 변화 요소들을 암시하고 있음을 알 수 있습니다.

심화되어가는 종말적 상황들, 더 설명할 것도 없습니다. 지금 우리는 종말을 향해 가고 있는 것이 사실입니다.

'거부하고 싶어도 종말을 향해 가고 있습니다. 모든 현상이 그것을 증명하고 있지 않습니까?'

* Meditatio 묵상
오늘 말씀을 통하여 깨닫게 된 것을 짧게 적어보십시오.

무저갱이 열리다

* Lexio 읽기 / 요한계시록 9:1-6

가능하면 오늘의 본문을 먼저 읽는 것이 좋지만 바로 아래 글을 읽어도 좋습니다. 충분히 본문을 이해하도록 배려하며 글을 썼습니다. 혹시 본문을 읽으신 분은 감동이 오는 말씀이나 단어 혹은 느낌을 간단히 적으시면 좋습니다.

> "다섯째 천사가 나팔을 불매 내가 보니 하늘에서 땅에 떨어진 별
>
> 하나가 있는데 그가 무저갱의 열쇠를 받았더라"(계9:1)

눈에 보이는 땅의 멸망적 상황을 설명하고 있는 요한이 보게 된 것은 그 같은 상황의 원인인 "황충"이었습니다. 무저갱에서 나와 세상과 사람을 해하는 권세였습니다. 황충이 하는 일은 "오직 이마에 하나님의 인침을 받지 아니한 사람들만 해하"(계9:4)는 것이었지만 그것도 사람을 죽일 수는 없고 "다섯 달 동안"(계9:10)만 해하는 권세였습니다.

해석하기 어려운 부분입니다. 왜냐하면 묵시묵학적 전승과 신화가 섞여있는 기술이기 때문입니다. 요한이 갖고 있는 지식과 그 시대가 이해하는 지식을 동원한 기록의 한계라고 해야 옳을 것입니다. 특히 무저갱을 여는 "땅에 떨어진 별"(계9:1)은 이사야 14장 12절의 하늘에서 떨어진 계명성(루시퍼) 기록과 유대전승과 맞물려 보통 '타락한 천사'로 이해되어졌습니다. 그 같은 이해를 가지고 요한이 설명한 것으로 보입니다.

이 부분을 읽는 데 중요한 것은 "오직 이마에 하나님의 인침을 받지 아니한 사람들만 해하"(계9:4)는 권세를 가졌다는 기록입니다. 이 같은 기록은 용에게서 나온 권세를 가진 짐승이 행사하는 "이마에 표를 받게"(계13:16)하는 기록과 연결되어 있습니다.

> "누구든지 이 표를 가진 자 외에는 매매를 못하게 하니 이 표는
> 곧 짐승의 이름이나 그 이름의 수라… 그것은 사람의 수니 그의
> 수는 육백육십육이니라"(계13:17–18)

앞에서 언급한 '팍스 로마나' 상황, 곧 부유하고 하나님 없이 사는 세상, 로마, 바벨론 그리고 지금의 현실을 말하고 있는 것입니다. 종말의 매우 개인적인 현상입니다. 황충으로 상징되었지만(계9:5) 우리에게 벌어진 모습이었습니다.

> "그 날에는 사람들이 죽기를 구하여도 죽지 못하고 죽고 싶으나
> 죽음이 그들을 피하리로다"(계9:6)

'혹시 죽고 싶어도 죽을 수 없는 상황이라고 할 만큼 힘들다면 개인적으로 이미 종말은 온 것입니다.'

* Meditatio 묵상
오늘 말씀을 통하여 깨닫게 된 것을 짧게 적어보십시오.

다섯 달 동안

* Lexio 읽기 / 요한계시록 9:7-12
가능하면 오늘의 본문을 먼저 읽는 것이 좋지만 바로 아래 글을 읽어도 좋습니다. 충분히 본
문을 이해하도록 배려하며 글을 썼습니다. 혹시 본문을 읽으신 분은 감동이 오는 말씀이나
단어 혹은 느낌을 간단히 적으시면 좋습니다.

> "그 날에는 사람들이 죽기를 구하여도 죽지 못하고 죽고 싶으나
>
> 죽음이 그들을 피하리로다"(계9:6)

황충의 공포, 황충은 일종의 메뚜기과 곤충으로 출애굽 사건 때 등장
하는 메뚜기(출10:14) 떼와 유사합니다. 동시에 요엘서에도 역시 나타
나는 공포의 곤충입니다(욜1:4). 비록 이들이 모든 식물들은 먹어 해치
우지만 사람에게는 해를 끼치지 않습니다. 그런데 다섯째 나팔 재앙에
나오는 황충은 사람을 해하는 권세를 가진 것입니다.

> "또 전갈과 같은 꼬리와 쏘는 살이 있어 그 꼬리에는 다섯 달 동
>
> 안 사람들을 해하는 권세가 있더라"(계9:10)

여기서 황충이 무엇을 말하는지 알기 어렵지만 그 단서는 이어지는
본문을 주목하면 알 수 있습니다.

> "그들에게 왕이 있으니 무저갱의 사자라 히브리어로는 그 이름이

아바돈이요 헬라어로는 그 이름이 아볼루온이더라"(계9:11)

그들에게 왕이 있다. "무저갱의 사자" 쉬운 말로 하면 "지옥의 악신"(공동번역/계9:11)이라 말할 수 있습니다. 더 어려운 느낌이 들지만 요한이 그것을 기술하는 과정에서 쓴 헬라어 "아볼루온"(Apollyon)이란 단어에 주목할 필요가 있습니다. 이 단어는 로마의 수호신으로 여겨지던 '아폴로'신을 말하기 때문입니다.

요한 당시의 황제 도미티아누스는 네로와 함께 자기 자신을 '아폴로'와 동일하게 쓰는 것을 좋아했습니다. 결국 요한은 죽으려 해도 죽을 수 없는 지금의 상황을 만들어내는 그 밑바닥에는 팍스 로마나로 표현될 수 있는 상황을 염두에 두고 있음을 알 수 있습니다.

우리가 유의해야 할 것은 "다섯 달 동안"이라는 표현입니다. 황충의 권세를 어떻게 해석하든지간에 매우 제한적이라는 사실입니다. 더불어 "하나님의 인침"을 받은 자(계9:4)들은 이 환난에서 보호받는다는 사실입니다. 아무리 어렵고 고통스러운 상황이 오더라도 어린양의 피로 인침 받은 우리를 지키신다는 것입니다.

'해석이 어렵지만 한 가지는 분명합니다. 우리는 보호받고 있다는 사실입니다. 믿으십니까?'

* Meditatio 묵상
오늘 말씀을 통하여 깨닫게 된 것을 짧게 적어보십시오

회개하고 있다면

* Lexio 읽기 / 요한계시록 9:13-21
가능하면 오늘의 본문을 먼저 읽는 것이 좋지만 바로 아래 글을 읽어도 좋습니다. 충분히 본문을 이해하도록 배려하며 글을 썼습니다. 혹시 본문을 읽으신 분은 감동이 오는 말씀이나 단어 혹은 느낌을 간단히 적으시면 좋습니다.

"큰 강 유브라데에 결박한 네 천사를 놓아 주라 하매 네 천사가

놓였으니 그들은 그 년 월 일 시에 이르러 사람 삼분의 일을 죽이

기로 준비된 자들이더라"(계9:14-15)

"유브라데에 결박되었던 네 천사"는 여섯 번째 나팔을 불 때에 나타나는 심판의 도구들입니다. 이 천사들은 무저갱에서 나온 것과 관련이 있는 자들, 그러니까 무저갱의 사자와 관계있다고 볼 수 있습니다.

이 천사들이 결박에서 풀리자 벌어진 것은 "이만 만" 곧 2억이라는 엄청난 수의 마병대가 등장하여 세 가지 재앙으로 사람들을 죽이기 시작한 것입니다. 무려 사람 삼분의 일이 죽임을 당합니다.

2억의 마병대, 사실 불가능한 숫자입니다. 그런데 그 당시 사람들은 A.D. 62년 파르티안 군대에게 참패하였던 로마의 비참함을 기억하고 있었습니다. 그 위용을 연상시키는 것이었습니다.

이미 하나님의 사람들, 즉 어린양의 피로 인침 받은 사람들은 이 엄

청난 세상의 공격 속에서 보호받습니다. 그러나 나머지 사람들은 세상을 뒤덮는 강력한 공격 앞에 피할 길 없이 죽음에 이르는 것입니다. 팍스 로마나의 상황이지만 오늘날에 적용하면 일반화된 세상화라 말할 수 있습니다.

그러나 이 본문에서 가장 중요한 것은 그것이 로마 시대이든, 지금 시대이든 사람들이 변하지 않는다는 것입니다. 곧 회개하지 않는 완악함입니다.

"이 재앙에 죽지 않고 남은 사람들은 손으로 행한 일을 회개하지 아니하고 오히려 여러 귀신과 또는 보거나 듣거나 다니거나… 우상에게 절하고 또 그 살인과 복술과 음행과 도둑질을 회개하지 아니하더라"(계9:20-21)

'회개하지 않는다.' 종말은 회개하지 않는 상황임을 간접적으로 설명하고 있습니다. 회개와 뉘우침이 없이 더 심한 악과 적그리스도와 왜곡된 신앙으로 나아가는 것이라고 말입니다. 오늘날처럼 말입니다. 우리가 요한계시록을 그냥 지나칠 수 없는 이유입니다.

'회개할 수 있다면 하나님의 사람이라는 증거입니다. 진정한 회개를 해보셨습니까? 또한 하고 계십니까?'

* Meditatio 묵상
오늘 말씀을 통하여 깨닫게 된 것을 짧게 적어보십시오.

83

말씀의 회복, 사명의 시작

* Lexio 읽기 / 요한계시록 10:1-11

가능하면 오늘의 본문을 먼저 읽는 것이 좋지만 바로 아래 글을 읽어도 좋습니다. 충분히 본
문을 이해하도록 배려하며 글을 썼습니다. 혹시 본문을 읽으신 분은 감동이 오는 말씀이나
단어 혹은 느낌을 간단히 적으시면 좋습니다.

> "이 일 후에 내가 보니 각 나라와 족속과 백성과 방언에서 아무
> 도 능히 셀 수 없는 큰 무리가 나와 흰 옷을 입고 손에 종려 가지
> 를 들고 보좌 앞과 어린양 앞에 서서 큰 소리로 외쳐 이르되 구원
> 하심이 보좌에 앉으신 우리 하나님과 어린양에게 있도다 하니"
>
> (계7:9-10)

이 말씀은 일곱 번째 인을 떼기 전에 나오는 삽입 부분인 7장 '막
간'(intermezzo)의 핵심 내용입니다. 7장의 관심은 고난 받는 교회와 성
도들을 위로하는 데 있었습니다.

10-11장은 일곱 번째 나팔을 불기 전에 나오는 막간입니다. 7장의
관심과 달리 10-11장은 교회와 성도가 감당해야 할 시대적인 소명에
대해 기록하고 있습니다. 이 내용을 설명하는 핵심 구절이 10-11절입
니다.

> "내가 천사의 손에서 작은 두루마리를 갖다 먹어 버리니 내 입에
> 는 꿀 같이 다나 먹은 후에 내 배에서는 쓰게 되더라 그가 내게
> 말하기를 네가 많은 백성과 나라와 방언과 임금에게 다시 예언하

여야 하리라 하더라"(계10:10-11)

"작은 두루마리"는 하나님의 오른 손에 있는 인봉된 두루마리(계5:1)로 여겨집니다.

요한이 이 책을 먹는 순간 꿀 같이 달았습니다. 복음의 달콤함이었습니다. 어린양의 피로 인침 받은 자들에게 느끼는 말씀의 행복이었습니다. 하지만 동시에 "배에서는 쓴" 심한 통증을 느꼈습니다. 그토록 고통스러운 이유는 사명 때문이었습니다.

"그가 내게 말하기를 네가 많은 백성과 나라와 방언과 임금에게
다시 예언하여야 하리라"(계10:11)

이 말씀에서 알 수 있듯이 기억해야 할 것은 교회와 크리스천의 사명에 대한 것입니다. 무너져 내리는 세상, 더 이상 회개할 마음조차 갖지 않는 세상을 향한 사명 말입니다. 이것이 요한이 말하고 싶은 내용입니다. 이 무너지는 세상을 살릴 수 있는 것은 오직 교회와 크리스천이라는 것, 이것을 요한은 하늘에서 보게 된 것입니다.

'교회와 크리스천이 세상의 소망입니다. 다시 말씀으로 회복되어야 하는 이유입니다. 말씀이 꿀 같이 느껴져야 합니다. 말씀의 회복, 사명의 시작입니다. 잊지 마십시오.'

* Meditatio 묵상
오늘 말씀을 통하여 깨닫게 된 것을 짧게 적어보십시오.

고난을 받지만 반드시 보호되고

* Lexio 읽기 / 요한계시록 11:1–2

가능하면 오늘의 본문을 먼저 읽는 것이 좋지만 바로 아래 글을 읽어도 좋습니다. 충분히 본문을 이해하도록 배려하며 글을 썼습니다. 혹시 본문을 읽으신 분은 감동이 오는 말씀이나 단어 혹은 느낌을 간단히 적으시면 좋습니다.

> "또 내게 지팡이 같은 갈대를 주며 말하기를 일어나서 하나님의
> 성전과 제단과 그 안에서 경배하는 자들을 측량하되 성전 바깥
> 마당은 측량하지 말고 그냥 두라 이것은 이방인에게 주었은즉 그
> 들이 거룩한 성을 마흔두 달 동안 짓밟으리라"(계11:1–2)

요한이 쓴 이 편지를 소아시아의 교회들이 받았을 때 그들의 머리에는 한 사건이 떠올랐을 것입니다. 그것은 A.D. 66–70년에 있었던 로마 티투스의 유대 침공입니다. 특히 마지막 5개월 동안 예루살렘 침공이 시도되었는데 워낙에 난공불락의 요새여서 로마군의 피해도 만만치 않았습니다. 그런 까닭에 티투스는 조기에 마무리해야 했고 결과적으로 열심당원들의 마지막 저항선인 예루살렘 성전 안쪽까지는 들어가지 못하였습니다.

이 같은 역사적 전승이 요한이 본 환상 속에 녹아들어있음을 알 수 있습니다. 원래 '척량'은 파괴와 보호(삼하8:2)의 의미가 함께 들어있습니다. 그래서 매우 간단하게 성전과 제단, 그리고 그 안에서 예배하는

자들은 보호되고, 성전 밖, 마당에 있는 자들, 곧 진정한 신앙 없이 마당 뜰만 밟는 크리스천은 보호받지 못한다는 해석을 하였습니다.

그런데 문제는 이어지는 "두 증인"(계11:3)과의 연계성입니다. 분명히 성전은 단순한 건물이 아닌 성도들을 말하는데, 다음에 살피겠지만 교회를 의미하는 "두 증인"이 순교하기 때문에(계11:7-9) 단순 해석에 문제가 생기는 것입니다.

오히려 이 같은 해석이 설득력이 있어 보입니다. 곧 성전과 제단 안에서 경배하는 자들이 척량되는 것은 보호된다는 뜻이고, 성전 바깥 마당은 척량하지 말고 그냥 두라는 의미는 고통을 당하게 될 것이라는 의미입니다. 즉 하나님의 교회가 보호를 받지만 동시에 고난 받는 공동체라는 것을 강조하는 것이라는 말입니다.

고난과 보호, 우리가 이 세상을 살면서 느끼는 것입니다. 순교를 당할지라도 그 고난을 두려워하지 않고 끝까지 주를 믿으며 마지막 경주를 하는 사람이 교회이고 크리스천이기 때문입니다. 그것을 말하고 있는 것입니다.

'고난을 받지만 반드시 보호되고 영원한 나라에 참여하게 될 것입니다. 잊지 마십시오.'

* Meditatio 묵상
오늘 말씀을 통하여 깨닫게 된 것을 짧게 적어보십시오

두 증인

* Lexio 읽기 / 요한계시록 11:3-13

가능하면 오늘의 본문을 먼저 읽는 것이 좋지만 바로 아래 글을 읽어도 좋습니다. 충분히 본문을 이해하도록 배려하며 글을 썼습니다. 혹시 본문을 읽으신 분은 감동이 오는 말씀이나 단어 혹은 느낌을 간단히 적으시면 좋습니다.

> "내가 나의 두 증인에게 권세를 주리니 그들이 굵은 베옷을 입고
>
> 천이백육십 일을 예언하리라"(계11:3)

1,260일 동안 굵은 베옷을 입고 예언하는 두 증인 이야기와 2절의 "마흔두 달"(1,260일)동안 일어난 거룩한 성 훼손 사건은 다니엘서의 "한 때 두 때 반 때"(단12:7)와 같은 시간을 말하고 있다고 볼 수 있습니다. 다니엘서의 메시지가 종말론적 환난의 기간을 의미한다고 할 때, 삼년 반은 종말이 이르기 전까지 벌어질 환난과 박해의 기간으로 상징되는 것입니다.

마흔 두 달, 1260일 동안 두 증인은 "증언"(계11:7)의 수행자로 살지만 결국 죽임 당하는 것으로 끝을 맺습니다. 여기서 "두 증인"이 무엇을 말하는지를 살필 필요가 있습니다.

두 증인, 요한은 매우 정확하게 "주 앞에 서 있는 두 감람나무와 두 촛대"(계11:4)라고 말합니다. 이 같은 힌트를 통해서 볼 때 "두 감람나

무"는 스가랴 4장에 나오는 내용으로, 여호수아와 스룹바벨을 가리키는데 "기름 부음 받은 자 둘"(슥4:14)을 말합니다. 그리고 "두 촛대"는 이미 요한계시록 1장 20절의 표현을 볼 때 교회를 상징하고 있음을 알 수 있습니다.

올바르게 사역을 하고 있는 종말론적 상황에서의 교회와 크리스천이 당하는 고난과 죽음에 대한 이야기입니다. 사실 이 같은 죽음이 당황스러울 수도 있지만 이들의 죽음으로 인해서 하나님을 부정하는 자들이 하나님을 시인하는 일이 부분적으로라도 벌어지는 것입니다.

> "그 때에 큰 지진이 나서 성 십분의 일이 무너지고 지진에 죽은
> 사람이 칠천이라 그 남은 자들이 두려워하여 영광을 하늘의 하나
> 님께 돌리더라"(계11:13)

무엇보다 중요한 것은 두 증인으로 상징되는 교회와 크리스천들이 "삼 일 반 만에" 부활한다는 것(계11:11-12)입니다. 반드시 이루어지는 종말은 단순히 죽음으로 끝나는 것이 아니라 교회와 크리스천에게는 부활과 승리라는 사실입니다.

'죽음과 고통은 일시적인 것일 뿐 영원한 부활과 승리가 있습니다. 이것이 신앙의 내용입니다.'

* Meditatio 묵상
오늘 말씀을 통하여 깨닫게 된 것을 짧게 적어보십시오.

제 5 부

상징들, 666 그리고 144,000

반드시 그 날이 온다

* Lexio 읽기 / 요한계시록 11:14-19
가능하면 오늘의 본문을 먼저 읽는 것이 좋지만 바로 아래 글을 읽어도 좋습니다. 충분히 본문을 이해하도록 배려하며 글을 썼습니다. 혹시 본문을 읽으신 분은 감동이 오는 말씀이나 단어 혹은 느낌을 간단히 적으시면 좋습니다.

> "일곱째 천사가 나팔을 불매 하늘에 큰 음성들이 나서 이르되 세
> 상 나라가 우리 주와 그의 그리스도의 나라가 되어 그가 세세토
> 록 왕 노릇 하시리로다"(계11:15)

일곱 번째 나팔을 울린다는 것은 모든 것이 끝났다는 것을 말하는 우주적 선포입니다. 하늘에 큰 음성들로 종말이 선포된 것입니다. 그것은 그리스도의 영원한 통치를 말하였습니다. 이어서 이십사 장로들의 경배와 찬양의 고백이 흘러나옵니다.

> "하나님 앞에서 자기 보좌에 앉아 있던 이십사 장로가 엎드려 얼
> 굴을 땅에 대고 하나님께 경배하여 이르되 감사하옵나니 옛적에
> 도 계셨고 지금도 계신 주 하나님 곧 전능하신 이여 친히 큰 권능
> 을 잡으시고 왕 노릇 하시도다"(계11:16-17)

7장에서 일곱 번째 인을 뗄 때 "큰 음성들"을 구체적으로 묘사했었습니다. 그리고 이십사 장로만이 아니라 좀 더 포괄적인 모습을 구체적으로 묘사했었습니다.

"이 일 후에 내가 보니 각 나라와 족속과 백성과 방언에서 아무도 능히 셀 수 없는 큰 무리가 나와 흰 옷을 입고 손에 종려 가지를 들고 보좌 앞과 어린양 앞에 서서… 모든 천사가 보좌와 장로들과 네 생물의 주위에 서 있다가 보좌 앞에 엎드려 얼굴을 대고 하나님께 경배하여 이르되 아멘 찬송과 영광과 지혜와 감사와 존귀와 권능과 힘이 우리 하나님께 세세토록 있을지어다 아멘 하더라"(계7:9,11–12)

이 같은 하나님 나라의 영광과 아름다움과는 달리 일곱 번째 나팔을 울릴 때는 주의 진노와 멸망의 때임을 강력하게 적었습니다.

"주의 진노가 내려 죽은 자를 심판하시며… 땅을 망하게 하는 자들을 멸망시키실 때로소이다"(계11:18)

'기다림은 없다.' 그 날이 온다는 것입니다. 종결이 지어지는 것입니다. '더 이상 어떤 자비도 없다.' 기막힌 말입니다. 마지막이 있다는 것 말입니다.

'반드시 마지막이 옵니다. 믿음만이 사는 길입니다. 그런데 우리에게 믿음이 있습니다. 얼마나 놀라운 일입니까?'

* Meditatio 묵상
오늘 말씀을 통하여 깨닫게 된 것을 짧게 적어보십시오.

반드시 승리하는 이유

* Lexio 읽기 / 요한계시록 14:1-5

가능하면 오늘의 본문을 먼저 읽는 것이 좋지만 바로 아래 글을 읽어도 좋습니다. 충분히 본문을 이해하도록 배려하며 글을 썼습니다. 혹시 본문을 읽으신 분은 감동이 오는 말씀이나 단어 혹은 느낌을 간단히 적으시면 좋습니다.

- -

- -

일곱 번째 나팔 재앙은 일곱 대접 재앙으로 이어져야 하는 것이 옳은데 다른 환상이 12-14장까지 길게 나타납니다. 어떻게 보면 생뚱맞아 보이지만 땅의 일만 보며 사는 우리에게는 매우 유익한 환상이 아닐 수 없습니다.

12-14장 기록은 요한이 하늘에서 하늘의 현상을 보고, 그 비전을 통하여 땅의 현상을 해석하도록 돕고 있기 때문입니다. 그런 까닭에 기록들은 매우 신화적인 표현방법들을 택하고 있지만 그 초점은 매우 분명합니다.

알다시피 이미 예수 그리스도께서 십자가 위에서 결정적인 승리를 이루셨지만 구원의 완성이 있기까지 교회는 예수 그리스도로부터 구원 사역을 위임 받았습니다. 그 놀라운 이야기를 하늘에서 요한이 다시 보고 있는 것입니다.

요한이 본 것은 놀랍게도 '교회를 통해서 이 세상을 구원하려는' 주님의 구원 계획이었습니다. 그런 점에서 교회는 주님의 수행자(agent)로서 그리스도의 파루시아까지 성전을 벌이는 군사인 것입니다. 특히

7장 4절의 144,000명으로 묘사된 교회의 모습에서 성전을 준비하는 자들로 다시 등장합니다.

> "또 내가 보니 보라 어린양이 시온 산에 섰고 그와 함께 십사만
> 사천이 서 있는데 그들의 이마에는 어린양의 이름과 그 아버지의
> 이름을 쓴 것이 있더라"(계14:1)

이들은 팍스 로마나로 상징되는 세상에서 더럽혀지지 않고 환난과 고통을 당할지언정 666 짐승의 표를 받지 않았고 끝까지 정절을 지키고 "거짓말이 없고 흠이 없는"(계14:5) 길을 걸어온 자들이었습니다.

> "이 사람들은 여자와 더불어 더럽히지 아니하고 순결한 자라 어
> 린양이 어디로 인도하든지 따라가는 자며 사람 가운데에서 속량
> 함을 받아 처음 익은 열매로 하나님과 어린양에게 속한 자들이니
> 그 입에 거짓말이 없고 흠이 없는 자들이더라"(계14:4-5)

이것이 반드시 승리하는 이유입니다. 어린양의 피와 함께 순결을 지킨 자들, 교회에 의해서 말입니다.

'승리는 거저 이루어지는 것이 아닙니다. 어린양의 피와 함께 정결한 자들에 의해서입니다. 잊지 마십시오.'

* Meditatio 묵상
오늘 말씀을 통하여 깨닫게 된 것을 짧게 적어보십시오.

교회는 아름답다

* Lexio 읽기 / 요한계시록 12:1-6

가능하면 오늘의 본문을 먼저 읽는 것이 좋지만 바로 아래 글을 읽어도 좋습니다. 충분히 본문을 이해하도록 배려하며 글을 썼습니다. 혹시 본문을 읽으신 분은 감동이 오는 말씀이나 단어 혹은 느낌을 간단히 적으시면 좋습니다.

> "하늘에 큰 이적이 보이니 해를 옷 입은 한 여자가 있는데 그 발
> 아래에는 달이 있고 그 머리에는 열두 별의 관을 썼더라 이 여
> 자가 아이를 배어 해산하게 되매 아파서 애를 쓰며 부르짖더라"
>
> (계12:1-2)

12-14장은 온통 알레고리로 가득 차 있는데, 그 밑바탕에는 우주적인 신화가 자리하고 있습니다. 그래서 해석이 위험할 수 있는 것입니다. 이미 언급했듯이 로마의 황제들은 아폴로 신화 등을 자신의 왕권에 대한 해석의 이야기들로 사용하기를 즐겨하였습니다. 여기에도 그런 이해가 들어있을 것이라 여겨집니다.

12장을 해석하면서 처음부터 힘이 든 표현이 나오는데 "해를 옷 입은 한 여자" 묘사입니다. 로마 가톨릭은 마리아라고 해석하지만 전통적으로 기독교는 '교회'로 해석하였습니다. 이 같은 해석은 이사야서 66장 8-9절, "시온이 아들을 순산"하였다는 말씀에 근거하고 있습니다. 하지만 여자가 낳은 아들이 예수 그리스도를 가리키고 있는 것을 볼 때

단순히 교회로만 설명할 수 없는 측면이 있는 것이 사실입니다.

> "여자가 아들을 낳으니 이는 장차 철장으로 만국을 다스릴 남자
> 라 그 아이를 하나님 앞과 그 보좌 앞으로 올려가더라"(계12:5)

하지만 대부분 주석가들은 여자를 교회로 해석하였습니다. 특히 이 말씀이 성전 척량과 교회로 상징된 두 증인의 1,260일 동안의 환난과 맞물리는 것을 볼 때 설득력이 있습니다. 왜냐하면 그 여자 역시 광야에서 1,260일 동안 머물러 있었다는 기록이 나오기 때문입니다(계12:6).

그렇다면 종말의 시기에 어린양의 피로 인침 받은 크리스천들과 교회의 삶은 지극히 아름다운 것입니다. 교회로 표현되는 여자에 대한 묘사처럼 말입니다.

> "하늘에 큰 이적이 보이니 해를 옷 입은 한 여자가 있는데 그 발
> 아래에는 달이 있고 그 머리에는 열두 별의 관을 썼더라"(계12:1)

'교회는 지극히 아름다운 것입니다. 더욱이 정절을 지키는 교회와 크리스천은 더욱 그러합니다. 잊지 마십시오.'

* Meditatio 묵상
오늘 말씀을 통하여 깨닫게 된 것을 짧게 적어보십시오

- -

- -

승리가 정해진 전쟁을 하고 있다

* Lexio 읽기 / 요한계시록 12:7-12

가능하면 오늘의 본문을 먼저 읽는 것이 좋지만 바로 아래 글을 읽어도 좋습니다. 충분히 본문을 이해하도록 배려하며 글을 썼습니다. 혹시 본문을 읽으신 분은 감동이 오는 말씀이나 단어 혹은 느낌을 간단히 적으시면 좋습니다.

> "하늘에 또 다른 이적이 보이니 보라 한 큰 붉은 용이 있어 머리
> 가 일곱이요 뿔이 열이라 그 여러 머리에 일곱 왕관이 있는데"
> (계12:3)

요한이 하늘에서 기막힌 것을 보게 됩니다. 여자로 상징되었던 교회의 핍박 원인은 "한 큰 붉은 용"이었습니다. 요한은 분명하게 이 큰 용이 무엇인지를 보았습니다.

> "큰 용이 내쫓기니 옛 뱀 곧 마귀라고도 하고 사탄이라고도 하며
> 온 천하를 꾀는 자라"(계12:9)

그런데 요한이 본 것은 전쟁이었습니다. 분명히 하늘의 전쟁으로 묘사되고 있고 미가엘 천사와 사자들이 용과 싸우는 것으로 기록되고 있지만(계12:7) 그 싸움의 내용은 하나님과의 영토 분쟁이 아님을 주의해야 합니다. 사실 우리는 매우 쉽게 하나님과의 영토 분쟁으로 곧잘 영적전쟁의 의미를 사용합니다. 그 같은 인식에서 나온 것이 영적지도를 그리고 악의 기운이 센 곳이 있는 것 같이 기술하는 것입니다. 하지만

하나님의 통치가 미치지 않는 곳이 없다는 것을 인식한다면 얼마나 어리석은 것인지 금방 이해할 수 있습니다.

그러므로 "큰 용"으로 상징되는 사탄의 공격이란 주님을 믿는 자들의 죄를 끄집어내어 참소하는 일에 불과합니다. 그것 역시 곧 사탄이 패배할 것을 요한은 알 수 있었습니다. 그 놀라운 비밀을 요한은 "어린 양의 피와 말씀"에 있음을 깨닫습니다.

> "또 우리 형제들이 어린양의 피와 자기들이 증언하는 말씀으로써 그를 이겼으니 그들은 죽기까지 자기들의 생명을 아끼지 아니하였도다"(계12:11)

이것은 하늘의 장면이었습니다. 이미 하늘 영역의 전쟁에서 사탄은 패하였습니다. 순전히 어린양의 피와 말씀으로 말미암은 것이었습니다. 이미 패배한 사탄이 세상으로 내려갑니다. 그것이 바로 현재 교회가 고통당하는 이유였습니다. 그렇지만 요한의 기록이 낙관적인 이유는 이미 승리한 것을 보았기 때문입니다. 승리가 예정된 전쟁임을 알았기 때문입니다.

'우리가 지금 위태해보이나 승리한 전쟁입니다. 어린양의 보혈의 은혜 위에 말씀으로 굳게 서야 하는 이유입니다.'

* Meditatio 묵상
오늘 말씀을 통하여 깨닫게 된 것을 짧게 적어보십시오.

초라한 사탄

* Lexio 읽기 / 요한계시록 12:13-17

가능하면 오늘의 본문을 먼저 읽는 것이 좋지만 바로 아래 글을 읽어도 좋습니다. 충분히 본문을 이해하도록 배려하며 글을 썼습니다. 혹시 본문을 읽으신 분은 감동이 오는 말씀이나 단어 혹은 느낌을 간단히 적으시면 좋습니다.

> "그러므로 하늘과 그 가운데에 거하는 자들은 즐거워하라 그러
> 나 땅과 바다는 화 있을진저 이는 마귀가 자기의 때가 얼마 남
> 지 않은 줄을 알므로 크게 분내어 너희에게 내려갔음이라 하더
> 라"(계12:12)

하늘의 전쟁에서 패배한 사탄, 어쩌면 하늘에서 벌어진 전쟁의 승리가 지상에 영향을 끼쳐서 세상의 전쟁 역시 끝난 것이라고 생각할 수 있습니다. 하지만 그것은 잘못된 생각입니다. 오히려 지상에서의 승리가 하늘로부터 사탄이 추방된 결과를 빚었다는 것이 진실입니다.

> "이제 우리 하나님의 구원과 능력과 나라와 또 그의 그리스도의
> 권세가 나타났으니 우리 형제들을 참소하던 자 곧 우리 하나님
> 앞에서 밤낮 참소하던 자가 쫓겨났고"(계12:10)

"그리스도의 권세"는 어린양의 피로 말미암은 구원사역의 성취를 말합니다. 이미 모든 것은 끝났습니다.

비록 모든 힘은 잃었지만 여전히 참소하던 사탄이 이 세상에서 마지막 발악을 하고 있는 것을 요한이 본 것입니다. 그 대상은 교회였습니다.

> "용이 자기가 땅으로 내쫓긴 것을 보고 남자를 낳은 여자를 박해하는지라"(계12:13)

물론 이 같은 공격 역시 "한 때와 두 때와 반 때"(계12:14)로 상징된 제한된 시간입니다. 그 같은 사실, "자기의 때가 얼마 남지 않은 줄을"(계12:12) 사탄은 잘 알고 있습니다.

여기서 요한은 재미있는 그림을 보여주는데 그것은 하나님께서 숨어서 일하시는 모습입니다. "땅"으로 상징하는 자연계가 돕는 그림입니다. 우리가, 교회가 반드시 이기도록 말입니다.

> "땅이 여자를 도와 그 입을 벌려 용의 입에서 토한 강물을 삼키니"(계12:16)

'우리는 무조건 승리합니다. 이미 어린양의 구속사역은 사탄의 척추를 부러뜨렸기 때문입니다. 바울의 말처럼 대적하면 물러갈 초라한 존재가 된 것입니다. 이것을 믿으셔야 합니다. 아시겠습니까?'

* Meditatio 묵상
오늘 말씀을 통하여 깨닫게 된 것을 짧게 적어보십시오.

비록 고난과 순교를 당할지라도

* Lexio 읽기 / 요한계시록 13:1-12

가능하면 오늘의 본문을 먼저 읽는 것이 좋지만 바로 아래 글을 읽어도 좋습니다. 충분히 본문을 이해하도록 배려하며 글을 썼습니다. 혹시 본문을 읽으신 분은 감동이 오는 말씀이나 단어 혹은 느낌을 간단히 적으시면 좋습니다.

> "내가 보니 바다에서 한 짐승이 나오는데 뿔이 열이요 머리가 일곱이라 그 뿔에는 열 왕관이 있고 그 머리들에는 신성모독 하는 이름들이 있더라"(계13:1)

12-13장에 등장하는 더러운 것들의 3종 세트가 바로 용과 바다에서 올라온 짐승과 땅에서 올라온 짐승입니다. 예수 그리스도의 구원사역의 완성으로 쫓겨난 것들이고 고작 세 때 반 동안만 역사하는 제한된 세력일지라도 그 구조는 삼위일체적 구조를 택하고 있습니다. 당연히 그들의 속성처럼 속이기 위함입니다.

그런 점에서 "용"은 하나님을 모방한 것입니다. "능력과 보좌와 큰 권세"(계13:2)를 행사합니다. 그리고 예수 그리스도를 모방한 것이 "바다에서 올라온 짐승"입니다. 이 짐승은 용으로부터 모든 권세를 위임받는데, "마흔두 달 동안 일할 권세"(계13:5)를 받습니다. 사실 이 바다에서 올라온 짐승은 생소한 것이 아니라 다니엘서 7장에서 기술되고 있는 짐승입니다. 그 짐승들을 다니엘은 "세상에 일어날 네 왕"(단7:17)이라고 설명하였는데, 특히 네 번째 짐승은 로마제국으로 해석되었습니다.

그런데 여기서 묘사되고 있는 일곱 개의 머리, 열 뿔 그리고 죽게 되었다가 나은 머리 묘사들은 로마제국의 왕들, 특히 치명적인 부상을 입은 머리로 상징되는 왕은 네로로 이해되었습니다. 네로 부활 사상과 맞물려 이해하는 경향이 발생합니다.

이 짐승의 역할은 주로 "신성모독"(계13:1)입니다. 즉 위장된 그리스도의 모방 권세입니다. 실제로 로마제국의 황제들이 행했던 '도미누스' 고백 요청에서 알 수 있듯이 팍스 로마나의 근거였습니다. 어린양의 피로 구속받은 자들은 어찌할 수 없지만 그렇지 않은 자들은 이 짐승에게 종속될 수밖에 없었습니다(계13:8).

이 짐승으로 표현된 강력한 힘이 고난과 순교를 초래할 수 있지만 "성도들의 인내와 믿음"(계13:10) 앞에 의미 없는 것이었습니다. 그러므로 순간적으로 강하게 등장하는 권력 앞에 우리 교회와 크리스천이 위축되거나 초라할 수는 없는 것입니다.

'고난과 환난이 있을 수 있지만 우리의 승리는 정해진 것입니다. 잊지 마십시오.'

* Meditatio 묵상
오늘 말씀을 통하여 깨닫게 된 것을 짧게 적어보십시오.

아무리 이적을 행할지라도

* Lexio 읽기 / 요한계시록 13:13-18
가능하면 오늘의 본문을 먼저 읽는 것이 좋지만 바로 아래 글을 읽어도 좋습니다. 충분히 본문을 이해하도록 배려하며 글을 썼습니다. 혹시 본문을 읽으신 분은 감동이 오는 말씀이나 단어 혹은 느낌을 간단히 적으시면 좋습니다.

"내가 보매 또 다른 짐승이 땅에서 올라오니 어린양 같이 두 뿔이 있고 용처럼 말을 하더라"(계13:11)

더러운 것들의 3종 세트의 마지막은 "땅에서 올라온 짐승"입니다. 이 짐승의 권세는 바다에서 올라온 짐승으로부터 온 것이었습니다. 그리고 역할은 첫 번째 짐승을 숭배하게 하는 것이었습니다.

"그가 먼저 나온 짐승의 모든 권세를 그 앞에서 행하고 땅과 땅에 사는 자들을 처음 짐승에게 경배하게 하니"(계13:12)

더불어 666으로 표현되는 짐승의 수로 이마에 표를 받게 하는 것이었습니다.

"그가 모든 자 곧 작은 자나 큰 자나 부자나 가난한 자나 자유인이나 종들에게 그 오른손에나 이마에 표를 받게 하고... 그의 수는 육백육십육이니라"(계13:16,18)

소위 팍스 로마나 구조, 오늘날로 말하면 이 세상이 말하고 있는 세속적 가르침을 말합니다. 그런데 놀랍게도 그것을 주도하는 이 짐승이 "거짓 선지자"라는 점입니다.

> "또 내가 보매 개구리 같은 세 더러운 영이 용의 입과 짐승의 입과 거짓 선지자의 입에서 나오니"(계16:13)

> "짐승이 잡히고 그 앞에서 표적을 행하던 거짓 선지자도 함께 잡혔으니 이는 짐승의 표를 받고 그의 우상에게 경배하던 자들을 표적으로 미혹하던 자라"(계19:20)

중요한 것은 이 짐승이 "큰 이적"(계13:13)을 행함으로 사람들을 미혹하고 있는 점입니다. 바로 주님도 언급하였던 "귀신을 쫓아내고 많은 권능을 행하던 자들"(마7:22)의 미혹입니다. 그 같은 이적에 속은 것입니다. 그런데 불법을 행하는 이들이었습니다. 그러므로 어린양의 보혈로 상징되는 은혜와 말씀(계12:11) 가운데 서 있어야 하는 것입니다.

'너무 현상적으로 드러나는 이적에 미혹되지 말고 말씀에 바르게 서 있는지를 주의하십시오. 아시겠습니까?'

* Meditatio 묵상
오늘 말씀을 통하여 깨닫게 된 것을 짧게 적어보십시오.

---

666 이해

* Lexio 읽기 / 요한계시록 13:16-18
가능하면 오늘의 본문을 먼저 읽는 것이 좋지만 바로 아래 글을 읽어도 좋습니다. 충분히 본
문을 이해하도록 배려하며 글을 썼습니다. 혹시 본문을 읽으신 분은 감동이 오는 말씀이나
단어 혹은 느낌을 간단히 적으시면 좋습니다.

물고기 이야기

> "그가 모든 자 곧 작은 자나 큰 자나 부자나 가난한 자나 자유인
> 이나 종들에게 그 오른손에나 이마에 표를 받게 하고... 그의 수
> 는 육백육십육이니라"(계13:16,18)

로마제국주의 시대는 정치, 경제, 문화, 종교가 통합되어있는 토탈리
안 체제였습니다. 그러므로 여기서 로마에게 동조하지 않는다는 것은
고통과 죽음을 의미하였습니다. 토탈리안 체제에서 황제 숭배는 살아
남기 위한 조건이었고, 이와 같은 상황이 그 당시 크리스천들에게는 상
당한 위협이 되었습니다. 물론 세상적인 관점에서는 풍요와 쾌락 그리
고 즐거움이었습니다. 그래서 로마의 여러 지방, 특히 소아시아 지방에
서 적당한 타협, 즉 표(sign)를 받고 팍스 로마나에 참여하려는 일이 크
리스천들 사이에서조차 일어나는 상황이 벌어졌습니다. 이것은 결국
짐승으로 상징화 된 황제 숭배를 용인하는 것을 의미하였습니다.

도미티아누스 황제 이후 더 가속화된 황제 숭배와 팍스 로마나 상황은 크리스천들을 더욱 공포로 몰아넣었습니다. 여기서 조금 더 거슬러 올라가 로마 역사를 알 필요가 있습니다.

특히 5대 황제인 네로 시대(54-68년) 때 시작되었던 기독교박해는 잠시 잠잠했다가 도미티아누스(81-96년)가 11대 황제로 등극하는데 그는 종교를 자신의 정치적 수단으로 이용하려했습니다. 그런 까닭에 과거 로마가 믿던 종교적 전통을 고집하게 되었고, 당연히 로마 황제는 신들의 신이란 위치를 차지하게 된 것입니다. 황제 숭배의 본격적인 시작이었습니다. '가이사는 주시며 하나님이시다'는 고백을 하고 제사를 드리게 한 것입니다.

그러므로 예수님을 주님이라고 부르는 것은 곧 죽음을 의미하였습니다. 이런 극심한 핍박의 상황에서 크리스천들은 지하 무덤인 카타콤에서 신앙을 지키며 살았습니다. 그때 그들은 자신들의 신앙을 지키기 위하여 비밀 언어들을 사용하기 시작하였는데 그 대표적인 그림언어가 '물고기'로 표현되는 신앙고백이었습니다. 그것은 '예수 그리스도는 구원자이시고 하나님의 아들이시며 주시다'는 고백의 헬라어 첫 글자들로 이루어진 단어가 '물고기'라는 뜻의 익투스(IXΘUS)였기 때문입니다. 이것은 그들의 사는 방법이었습니다.

'자동차 뒤에 다는 물고기 모양은 단순한 표현이 아님을 알 수 있습니다. 어떤 생각이 드십니까?'

위험한 접근

도미티아누스 황제 시대의 박해는 약 15년간 이어졌는데, 그 박해는 과거 네로 황제의 박해를 연상시키는 것이었습니다. 그러니까 도미티아누스 황제의 박해를 보면서 네로 부활사상(계13:3,12,14)이 생겨난 것입니다.

> "그가 먼저 나온 짐승의 모든 권세를 그 앞에서 행하고 땅과 땅에
> 사는 자들을 처음 짐승에게 경배하게 하니 곧 죽게 되었던 상처
> 가 나은 자니라"(계13:12)

이 같은 전설을 증명하기 위한 노력들이 등장하기 시작했습니다. 그 대표적인 것이 666 짐승의 수를 풀어 네로임을 증명하는 시도로 시작해서 얼마 전부터는 베리칩이 666이고 짐승의 수라는 주장을 하면서 일루미나티와 프리메이슨들이 계획하여 일어난 것이라고 주장하는데까지 이른 것입니다.

666을 네로 황제나 베리칩 등으로 해석한 것과 마찬가지로 그동안 13장의 666(계13:18) 짐승의 수를 받게 하는 "짐승"은 여러 존재로 해석되어왔습니다. 네로 외에도 로마 제국, 칼리굴라, 교황, 니므롯, 솔로몬, 느브갓네살 심지어 한국교회에서는 김일성도 짐승으로 해석되었습니다.

도대체 왜 이런 일이 벌어진 것입니까? 이것이 요한계시록을 푸는 매우 중요한 열쇠인 상징, 숫자, 그림 언어에 대한 해석이 필요한 이유입니다.

이미 우리가 앞에서 초기 교회에서 공공연하게 사용되었던 상징인 물고기(익투스)의 의미를 살핀 것처럼 666 역시 그런 동기가 있다는 것을 잊어서는 안 됩니다.

또 한 가지 요한계시록은 책의 시작에서 "아시아에 있는 일곱 교회에 편지하노니"(계1:4)라는 표현으로 알 수 있듯이 일차 수신인이 소아시아의 일곱 교회와 그 당시 크리스천이라는 사실을 간과해서는 안 되는 것입니다. 그런 까닭에 666 역시 일차적 의미는 그 당시적 정황에서 이해하는 것이 옳으며 그 의미를 분명하게 아는 것이 옳은 것입니다.

'사실 666에 대한 위험한 해석의 원인은 자기주장을 입증하려는 동기에서 출발할 수 있습니다. 그러므로 정직하게 본문 앞에 서는 것이 중요합니다. 언제나 성경을 해석하는 기본 태도입니다. 자신의 의도를 배제하라!'

합리적 접근

"누구든지 이 표를 가진 자 외에는 매매를 못하게 하니 이 표는 곧 짐승의 이름이나 그 이름의 수라 지혜가 여기 있으니 총명한 자는 그 짐승의 수를 세어 보라 그것은 사람의 수니 그의 수는 육백육십육이니라"(계13:17-18)

이제 666의 비밀을 풀어보겠습니다. 성경의 초기 교회 즈음에 세상을 떠들썩하게 한 사건이 있었는데 그것은 A.D. 79년 8월 24일 폼페이가 베수비오 화산 폭발로 감쪽같이 사라진 것입니다. 주민 2만여 명이

거주하던 도시가 하루아침에 사라졌습니다. 이후 폼페이는 1592년 운하를 건설하던 중 그 존재가 드러나기 시작하였고 1861년 이탈리아가 통일이 되면서 본격적으로 발굴되었습니다.

그런데 폼페이가 다시 복원되면서 거기 흙더미를 파헤치던 도중 재미있는 글귀들이 발견되었습니다. 그 중에 예를 들어 '나는 숫자가 545인 소녀를 사랑한다'는 것과 같은 표현이었습니다. 그러니까 545는 암호였던 것입니다. 은밀한 남녀 간의 비밀 명칭이었던 것입니다.

이처럼 글자를 숫자로 변환시켜 해석하는 방법을 게마트리아(Gematria)라고 하는데, 예를 들어 알파(A)는 1, 베타(B)는 2이며, 에타(H)는 8, 카파(K)는 20 등 헬라어나 히브리어에는 숫자 값이 있었던 것입니다.

이 같은 게마트리아를 해석하는 것은 쉽지 않습니다. 앞에서 예를 든 545의 경우 545가 될 수 있는 방법은 500+40+5만 있는 것이 아니라 300+200+30+10+5도 있을 수 있는 등 여러 경우의 수가 발생하기 때문입니다. 그래서 정확한 이름을 찾기가 힘든 것입니다.

666을 네로와 연결시키려 하는 것이 요한계시록 기록에 농후한 것은 네로의 숫자 값으로 666이 나오기 때문입니다. 물론 앞에서 본 것처럼 다른 단어를 만들 수도 있습니다. 내가 원하는 단어들에 맞도록 숫자를 이용하면 말입니다.

그러므로 666을 김일성, 교황 등 자기 마음대로 조합하여 해석하거나, 단순히 현상적으로 해석하여 베리칩으로 해석한다든지 하는 것은 지나치게 자의적임을 알 수 있습니다. 주의해야 할 접근 방식입니다.

  '혹시 이 같은 자의적 해석에 솔깃한 적은 없었습니까?'

우리는 순결하다

* Lexio 읽기 / 요한계시록 14:1-5
가능하면 오늘의 본문을 먼저 읽는 것이 좋지만 바로 아래 글을 읽어도 좋습니다. 충분히 본
문을 이해하도록 배려하며 글을 썼습니다. 혹시 본문을 읽으신 분은 감동이 오는 말씀이나
단어 혹은 느낌을 간단히 적으시면 좋습니다.

- -

- -

"누구든지 이 표를 가진 자 외에는 매매를 못하게 하니 이 표는
곧 짐승의 이름이나 그 이름의 수라"(계13:17)

12-13장이 현재 세상에서 벌어지는 일들을 보여주는 것이라면, 14장
은 반드시 성취될 미래적 상황을 보여주는 것입니다.

"또 내가 보니 보라 어린양이 시온 산에 섰고 그와 함께 십사만
사천이 서 있는데 그들의 이마에는 어린양의 이름과 그 아버지의
이름을 쓴 것이 있더라"(계14:1)

이들은 모두 어린양의 피로 구원받은 교회와 성도를 말하고 있는데,
끝까지 믿음을 지키고 정절을 지킨 순결한 자들입니다.

"이 사람들은 여자와 더불어 더럽히지 아니하고 순결한 자라 어
린양이 어디로 인도하든지 따라가는 자며 사람 가운데에서 속량
함을 받아 처음 익은 열매로 하나님과 어린양에게 속한 자들이니

그 입에 거짓말이 없고 흠이 없는 자들이더라"(계14:4-5)

　"순결", "흠이 없는"이란 표현이 우리를 위축되게 할 수도 있지만 어린양의 피가 전제된 "속량함을 받아", "하나님과 어린양에게 속한 자"가 되었다는 사실이 중요한 것입니다. 그러니까 우리가 마지막 심판에 섰을 때 우리는 이미 속량 받은 존재들로 흠 없이 드러날 것입니다. 오로지 어린양의 속량하심 때문입니다.

　이 같은 믿음과 확신은 매우 중요합니다. 그것은 우리가 앞으로 어떻게 살아야 하는지를 결정하기 때문입니다. 어린양의 피로 속량함을 받은 우리는 아무 일도 없었던 것처럼 살 수 있기 때문입니다. 적어도 우리가 지은 죄에 대하여 우리 주 예수 그리스도 외에 어느 누구도 참소하거나 책잡을 수 없을 만큼 완벽하게 해결되었다는 것을 말하기 때문입니다.

　크리스천은 최소한 "흠이 없는 자들"입니다. 특히 우리를 대적하는 세력들 앞에서 그렇게 당당하게 서도 괜찮습니다. 바로 주님이 하신 일입니다.

　'어린양의 피로 완전하게 정결케 되었다는 것을 믿으십니까?'

* Meditatio 묵상
오늘 말씀을 통하여 깨닫게 된 것을 짧게 적어보십시오.

세상은 사라질 것이다

* Lexio 읽기 / 요한계시록 14:6-11
가능하면 오늘의 본문을 먼저 읽는 것이 좋지만 바로 아래 글을 읽어도 좋습니다. 충분히 본문을 이해하도록 배려하며 글을 썼습니다. 혹시 본문을 읽으신 분은 감동이 오는 말씀이나 단어 혹은 느낌을 간단히 적으시면 좋습니다.

"그들이 보좌 앞과 네 생물과 장로들 앞에서 새 노래를 부르니 땅
에서 속량함을 받은 십사만 사천 밖에는 능히 이 노래를 배울 자
가 없더라"(계14:3)

1-5절이 교회와 크리스천의 최후 승리를 말하는 것이라면 승리와 동시에 이루어지는 동전 뒷면의 내용 곧 심판이 6절 이하에 기록됩니다.

그 심판의 시작은 "영원한 복음"(계14:6)의 등장으로 시작됩니다. 복음, 곧 예수 그리스도의 구속사역과 성취에 기반을 둔 것입니다. 구속의 내용인 복음의 끝을 받아들이지 않은 자들에게 노출되는 심판이 열리는 것이었습니다. 그래서 복음의 등장과 함께 드러나는 것이 심판의 시작 메시지인 것입니다.

"무너졌도다 무너졌도다 큰 성 바벨론이여."(계14:8) 요한에게는 로마로 상징되는 세상의 몰락입니다. 이 유한한 세상이 끝나는 순간 수많은 세상적인 것들은 '붕괴'를 만나는 것입니다. '세상이 사라지다.' 그것

이 두 번째 천사의 메시지였습니다.

이어진 진노는 "짐승과 그의 우상에게 경배하고 이마에나 손에 표를"(계14:9) 받은 모두에게 임하였습니다. 팍스 로마나로 설명될 수 있는 세상의 권력에 순응하여 달콤한 쾌락을 누렸던 이들에게 임하는 것이었습니다.

> "만일 누구든지 짐승과 그의 우상에게 경배하고 이마에나 손에
> 표를 받으면 그도 하나님의 진노의 포도주를 마시리니 그 진노의
> 잔에 섞인 것이 없이 부은 포도주라"(계14:9-10)

반드시 이루어지는 심판, 피할 수 없는 것이었습니다. 이 심판의 구체적인 내용은 일곱 번째 대접 재앙으로 시작되는 16-18장에서 확인할 수 있습니다.

피할 수 없는 진노, 반드시 다가올 미래. 그러나 그 진노와 상관이 없는 구속함을 받은 교회와 성도들, 그것이 종말이라고 요한은 강조하고 싶었던 것입니다.

'세상이 사라질 것입니다. 이 사라질 세상에 지나치게 묶여 사는 것은 아닌지 생각해보십시오.'

* Meditatio 묵상
오늘 말씀을 통하여 깨닫게 된 것을 짧게 적어보십시오.

- -

- -

쉼이 있는 것과 없는 것

* Lexio 읽기 / 요한계시록 14:12-20

가능하면 오늘의 본문을 먼저 읽는 것이 좋지만 바로 아래 글을 읽어도 좋습니다. 충분히 본문을 이해하도록 배려하며 글을 썼습니다. 혹시 본문을 읽으신 분은 감동이 오는 말씀이나 단어 혹은 느낌을 간단히 적으시면 좋습니다.

- -

- -

"성도들의 인내가 여기 있나니 그들은 하나님의 계명과 예수에
대한 믿음을 지키는 자니라"(계14:12)

요한은 인내하며 믿음을 지키는 자들을 격려하고 싶었습니다. 하지만 요한이 정작 하고 싶었던 말은 조금만 참으라는 단순한 격려가 아니라 지금 고난의 상황이 오히려 복된 것이라는 사실이었습니다. 그것을 들었기 때문입니다.

"또 내가 들으니 하늘에서 음성이 나서 이르되 기록하라 지금 이
후로 주 안에서 죽는 자들은 복이 있도다"(계14:13)

고난이 복이 있는 것이다! 우리가 예수를 믿으면서도 잊고 있던 부분입니다. 또 한 가지 흥미로운 것은 '비교'를 통해서 심판과 승리로 구분된 환상을 본 것입니다. 먼저 심판 받은 자들의 삶입니다. 그것은 쉼이 없는 것이었습니다.

"짐승과 그의 우상에게 경배하고 그의 이름 표를 받는 자는 누구
든지 밤낮 쉼을 얻지 못하리라"(계14:11)

반면에 승리한 자들의 특징은 쉼으로 나타납니다.

> "기록하라 지금 이후로 주 안에서 죽는 자들은 복이 있도다 하시매 성령이 이르시되 그러하다 그들이 수고를 그치고 쉬리니 이는 그들의 행한 일이 따름이라"(계14:13)

쉼이 있는 것과 없는 것, 이 세상 끝 날에만 적용되는 것이 아니라 이 세상에서도 동일하게 드러날 수밖에 없습니다. 현재 이 땅 역시 하나님 나라가 이뤄진 세상이기 때문입니다. 그러므로 그리스도 안에 있는 자들은 쉼, 곧 평안합니다. 적극적으로 주님이 우리에게 평안을 주시기 때문입니다.

> "평안을 너희에게 끼치노니 곧 나의 평안을 너희에게 주노라"
> (요14:27)

어쩌면 지금 내게 평안이 있는지 없는지 여부가 하나님의 사람인지 아닌지를 판가름하는 일이 될지도 모릅니다. 아무리 고난과 환난이 와도 평안은 무너질 수 없는 견고한 그리스도에게 기초한 것이기 때문입니다.

'평안하십니까? 쉼을 누리고 계십니까?'

* Meditatio 묵상
오늘 말씀을 통하여 깨닫게 된 것을 짧게 적어보십시오.

제 6 부

내일, 일곱 대접과 종말

완전한 끝

* Lexio 읽기 / 요한계시록 15:1-8
가능하면 오늘의 본문을 먼저 읽는 것이 좋지만 바로 아래 글을 읽어도 좋습니다. 충분히 본
문을 이해하도록 배려하며 글을 썼습니다. 혹시 본문을 읽으신 분은 감동이 오는 말씀이나
단어 혹은 느낌을 간단히 적으시면 좋습니다.

> "또 하늘에 크고 이상한 다른 이적을 보매 일곱 천사가 일곱 재앙
> 을 가졌으니 곧 마지막 재앙이라 하나님의 진노가 이것으로 마치
> 리로다"(계15:1)

끝이 왔다. 반복적으로 드러났던 심판과 승리의 기록이 끝을 만난 것
입니다. 더 이상의 기회는 없다! 끝이란 그런 것입니다.

그런데 유리 바다 같은 것을 넘어선 사람들이 거기에 있었습니다. 그
들은 흔적을 가진 사람들이었습니다. 구체적으로 말하면 "짐승", 그 끔
찍했던 적그리스도, 곧 세상의 왕과 "그의 우상", 곧 우상 숭배와 종교
적 타협과 배교를 요청했던 세력 그리고 "그의 이름의 수", 우리가 살
폈던 세상적 편리와 경제 시스템 같은 세상 방식을 따르지 않고 넘어
선 사람들이었습니다. 그들이 자유롭게 거리낌 없이 노래하고 있는 것
이었습니다.

> "또 내가 보니 불이 섞인 유리 바다 같은 것이 있고 짐승과 그의
> 우상과 그의 이름의 수를 이기고 벗어난 자들이 유리 바다가에

서서 하나님의 거문고를 가지고"(계15:2)

그들이 부르는 노래는 단순하지만 그 내용은 구속사적 고백이 있는 것이었습니다.

"놀라우시도다... 참되시도다... 거룩하시니이다... 경배하리이다"(계15:3-4)

이 고백들 속에는 어린양의 구속을 통해 행하신 하나님의 일의 위대함과 진실함과 온전한 거룩 그러므로 찬양받으심이 마땅한 내용이었습니다.

이제 모든 준비는 끝났습니다. 반복적으로 묘사되던 종말 이야기가 끝을 맺는 것입니다. 그것의 묘사는 일곱 인 재앙, 일곱 나팔 재앙의 시작과 같은 짝임을 드러내는 "금 대접"이 드러나는 것으로 시작되었습니다. 완전한 끝이 온 것입니다.

"네 생물 중의 하나가 영원토록 살아 계신 하나님의 진노를 가득히 담은 금 대접 일곱을 그 일곱 천사들에게 주니"(계15:7)

'완전한 끝이 왔습니다. 잊지 마십시오.'

* Meditatio 묵상
오늘 말씀을 통하여 깨닫게 된 것을 짧게 적어보십시오.

회개하지 아니하더라

* Lexio 읽기 / 요한계시록 16:1-11

가능하면 오늘의 본문을 먼저 읽는 것이 좋지만 바로 아래 글을 읽어도 좋습니다. 충분히 본문을 이해하도록 배려하며 글을 썼습니다. 혹시 본문을 읽으신 분은 감동이 오는 말씀이나 단어 혹은 느낌을 간단히 적으시면 좋습니다.

> "또 내가 들으니 성전에서 큰 음성이 나서 일곱 천사에게 말하
> 되 너희는 가서 하나님의 진노의 일곱 대접을 땅에 쏟으라 하더
> 라"(계16:1)

이제 일곱 대접 재앙이 시작되었습니다. 일곱 인의 재앙과 일곱 나팔 재앙의 전반부가 이 세상과 관계된 재앙이었듯이 처음 네 개의 대접 재앙은 이 세상과 관계된 것이었습니다.

단지 이미 일곱 대접 재앙의 서론과 같은 15장의 기록에서 "하나님의 종 모세의 노래"(계15:3)라는 표현을 씀으로써 출애굽 사건의 그림을 사용하여 기록할 것을 암시한 바 있습니다. 그런 이해를 가지고 볼 때 드러나는 일곱 대접 재앙의 내용은 애굽에서의 열가지 재앙의 틀을 가지고 있음을 알 수 있습니다.

첫째 대접 재앙은 애굽에서의 "독한 종기" 재앙을, 둘째, 셋째 대접 재앙은 '물이 피로 바뀐 재앙'을, 다섯 번째 대접 재앙은 출애굽 당시의

'암흑 재앙'의 틀로 설명하고 있음을 알 수 있습니다.

그런데 끝이었습니다. 끝의 상징성은 회개할 수 없고 회개하지 않는 상황을 말하였습니다. 네 번째 대접 재앙으로 해가 사람들을 불태워도 회개하지 아니하였습니다. 하나님을 인정하고 회개하는 것이 아니라 회개할 수 없는 존재가 된 것입니다.

다섯 번째 천사의 '암흑 재앙'으로 완벽한 어둠과 혼돈에 빠지지만 그들의 선택은 하나님을 인정하는 것과 회개가 아니었습니다.

> "또 다섯째 천사가 그 대접을 짐승의 왕좌에 쏟으니 그 나라가 곧 어두워지며 사람들이 아파서 자기 혀를 깨물고 아픈 것과 종기로 말미암아 하늘의 하나님을 비방하고 그들의 행위를 회개하지 아니하더라"(계16:10-11)

회개할 수 없는 것, 그것이 종말임을 상징하였습니다. 우주적 종말과 함께 또 다른 의미의 끝을 말하였습니다.

'회개할 수 있다는 것은 아직 종말이 오직 않았다는 뜻입니다. 다시 시작할 수 있다는 뜻입니다. 나는 어떤 모습으로 있습니까? 회개가 되십니까?'

* Meditatio 묵상
오늘 말씀을 통하여 깨닫게 된 것을 짧게 적어보십시오.

아마겟돈, 3차 세계대전?

* Lexio 읽기 / 요한계시록 16:12-21
가능하면 오늘의 본문을 먼저 읽는 것이 좋지만 바로 아래 글을 읽어도 좋습니다. 충분히 본문을 이해하도록 배려하며 글을 썼습니다. 혹시 본문을 읽으신 분은 감동이 오는 말씀이나 단어 혹은 느낌을 간단히 적으시면 좋습니다.

"또 여섯째 천사가 그 대접을 큰 강 유브라데에 쏟으매 강물이 말라서 동방에서 오는 왕들의 길이 예비되었더라... 그들은 귀신의 영이라 이적을 행하여 온 천하 왕들에게 가서 하나님 곧 전능하신 이의 큰 날에 있을 전쟁을 위하여 그들을 모으더라"(계16:12,14)

이 여섯 번째 대접 재앙은 평행적으로 여섯 번째 나팔 재앙(계9:13-21)에 기록된 유브라데 강을 넘어서는 "이만 만(2억)의 마병대"(계9:16)의 기록과 같이 합니다. 이때는 소위 "용, 짐승, 거짓 선지자"(계16:13)로 이루어진 더러운 3종 세트의 마지막 공격을 표현하고 있습니다. 하지만 이미 우리가 본 것처럼 하나님의 승리로 끝납니다. 그것이 끝입니다.

그런데 이것을 문자적으로 해석하기 시작합니다. 세대주의 천년왕국설을 의지하거나 계시록을 문자 그대로 해석하는 이들이 주장하는 내용입니다. 급기야 놀라운 소설을 씁니다. 소위 3차 세계대전 이야기입니다.

그 세계대전의 장소는 "아마겟돈"(계16:16)입니다. 급기야 어떤 이는 9장 16절의 마병대를 '2억의 중국 군대가 아마겟돈으로 최후 전쟁'(조용기, 평신도를 위한 요한계시록 강해, 서울서적, 258)을 위해 모일 것으로 해석합니다. 물론 그 전쟁의 상대는 유브라데를 건너온 세력인데, 유브라데(Euphrates)의 첫 두 글자를 들어 'EU'(유럽연합)라는 황당한 주장을 하기도 합니다. 더불어 한 때 EU가 10개국이었을 때 "열 뿔 가진 짐승"(계13:1, 17:7)의 기록이 어이없게도 잠시 설득력을 얻기도 하였습니다. 아직도 이 같은 주장을 자기만 아는 비밀이라 말하는 자들 혹은 이단들이 여전히 있습니다.

한 가지 더 할 얘기는 3차 대전이 벌어지는 "아마겟돈"과 관계된 것입니다. "아마겟돈"은 히브리어로 '하르 므깃도' 곧 '므깃도의 언덕'이란 의미입니다. 그래서 요단평야에 있는 므깃도를 실제로 3차 대전이 일어날 장소로 지명한 것입니다. 하지만 읽어보셔서 알지만 '하르 므깃도'를 "아마겟돈"으로 해석하는 것은 무리임을 알 수 있습니다. 결국 약간의 철자 조정을 통해 "아마겟돈"을 '므깃도'로 해석한 것입니다.

'중요한 것은 이 같은 무리를 둔 해석이 아니라 종말과 심판 그리고 결정된 승리가 온다는 사실입니다. 그러므로 호기심을 자극하는 해석에 너무 귀 기울이지 마십시오.'

* Meditatio 묵상
오늘 말씀을 통하여 깨닫게 된 것을 짧게 적어보십시오

- -

- -

세상에 취하다

* Lexio 읽기 / 요한계시록 17:1-5

가능하면 오늘의 본문을 먼저 읽는 것이 좋지만 바로 아래 글을 읽어도 좋습니다. 충분히 본문을 이해하도록 배려하며 글을 썼습니다. 혹시 본문을 읽으신 분은 감동이 오는 말씀이나 단어 혹은 느낌을 간단히 적으시면 좋습니다.

- -

- -

> "일곱째 천사가 그 대접을 공중에 쏟으매 큰 음성이 성전에서 보
> 좌로부터 나서 이르되 되었다 하시니... 큰 성 바벨론이 하나님
> 앞에 기억하신바 되어 그의 맹렬한 진노의 포도주 잔을 받으매
> 각 섬도 없어지고 산악도 간 데 없더라"(계16:17,19-20)

일곱 번째 대접 재앙은 모든 것의 끝을 말하는 것이었습니다. 더 이상의 기록할 것도 없는 종료입니다. 그러므로 이어지는 기록은 더 이상 악은 존재하지 않는 완벽한 하나님 나라의 영광만 기록하면 되는 것이었습니다. 그런 점에서 16장의 결말은 19장으로 이어져야 옳은 것입니다.

> "이 일 후에 내가 들으니 하늘에 허다한 무리의 큰 음성 같은 것
> 이 있어 이르되 할렐루야 구원과 영광과 능력이 우리 하나님께
> 있도다"(계19:1)

그런데 일곱 대접 재앙 후 17-18장의 기록이 있는 것이 흥미롭습니다. 이 부분은 일곱 번째 대접 재앙으로 사라지게 될 "큰 성 바벨론"의

멸망에 대한 자세한 설명입니다.

"무너졌도다 무너졌도다 큰 성 바벨론이여"(계18:2)

여기 나오는 바벨론은 로마를 상징한다는 것이 모든 학자들의 공통적인 의견입니다. 은유, 메타포를 사용하여 기록하고 있는 요한에게 적그리스도 세상은 로마이지만 직접 표현하지 못하는 한계가 있었던 것은 이미 우리가 아는 사실입니다. 그런 의미에서 어느 누구나 동의할 수 있는 로마의 메타포로 바벨론은 적합했던 것입니다.

요한은 로마, 세상 곧 바벨론 멸망의 표현으로 두 가지 그림을 사용하였는데 17장에서는 음녀로(계17:5), 18장에서는 큰 성(계18:2)으로 표현하였습니다.

로마, 그러나 포괄적 의미로 이 세상을 말하는 묘사로 음녀는 매우 적절해보입니다. "음행"과 "음행의 포도주에 취했다"(계17:2)는 표현처럼 하나님과 관계없이 세상에 취해 자기 마음대로 살아가는 것이 세상화의 핵심이기 때문입니다.

'우리 역시 세상에 취해 살아갑니다. 세상이 말하는 논리와 유혹을 따라서 말입니다. 세상이 달콤하지 않습니까?'

* Meditatio 묵상
오늘 말씀을 통하여 깨닫게 된 것을 짧게 적어보십시오.

음행의 포도주에 취하다

* Lexio 읽기 / 요한계시록 17:6-13
가능하면 오늘의 본문을 먼저 읽는 것이 좋지만 바로 아래 글을 읽어도 좋습니다. 충분히 본문을 이해하도록 배려하며 글을 썼습니다. 혹시 본문을 읽으신 분은 감동이 오는 말씀이나 단어 혹은 느낌을 간단히 적으시면 좋습니다.

> "내가 보니 여자가 붉은 빛 짐승을 탔는데 그 짐승의 몸에 하나
> 님을 모독하는 이름들이 가득하고 일곱 머리와 열 뿔이 있으며...
> 그의 이마에 이름이 기록되었으니 비밀이라, 큰 바벨론이라, 땅
> 의 음녀들과 가증한 것들의 어미라 하였더라"(계17:3,5)

음녀는 5절에서 밝힌 것처럼 "바벨론"을 가리키고 있습니다. 단지 음녀라는 메타포를 쓰고 있는 것입니다. 이미 언급한 것처럼 매우 정확하게 요한은 로마를 마음에 두고 기술하고 있음을 알 수 있습니다. 특히 "일곱 머리와 열 뿔"에 대한 해석을 그동안 수없이 해온 것이 사실입니다. 예를 들어 일곱 머리는 로마의 일곱 왕을 지칭하는 것이고 열 뿔은 무리하게 유럽연합(EU)으로 해석하기도 하였습니다.

그러나 한 가지 학자들의 공통된 의견은 "전에 있었다가 지금 없어진 짐승"(계17:11)으로 묘사된 여덟 번째 왕은 네로 부활사상의 영향을 받은 것으로 동의합니다. 하지만 반드시 멸망할 것에 불과하다는 것을 요한은 본 것입니다.

> "전에 있었다가 지금 없어진 짐승은 여덟째 왕이니 일곱 중에 속

한 자라 그가 멸망으로 들어가리라"(계17:11)

이 같은 해석이 타당한 이유는 여자가 그동안 해온 일에 대한 기록 때문입니다.

"또 내가 보매 이 여자가 성도들의 피와 예수의 증인들의 피에 취한지라"(계17:6)

이 같은 광경을 보고 놀라는 요한에게 천사가 보여준 것이 이어지는 "일곱 머리와 열 뿔" 환상입니다.

로마, 바벨론, 세상의 무기, 음녀가 한 것은 "땅에 사는 자들도 그 음행의 포도주에 취하였다"(계17:2)는 말로 모든 것을 설명할 수 있을 것 같습니다.

이 같은 기록을 볼 때 멸망은 음녀로 표현된 것처럼 음행의 끝, 당연히 하나님과 관계없이 자신이 주인이 되어 사는 교만과 그 결과로서 쾌락의 추구임을 알 수 있습니다.

'하나님 없이 사는 것, 쾌락, 자기 교만에 기초한 자유와 방종은 분명 음행입니다. 짐승에게 속해 사는 방법입니다. 잊지 마십시오.'

* Meditatio 묵상
오늘 말씀을 통하여 깨닫게 된 것을 짧게 적어보십시오

- -

- -

거기서 나오라

* Lexio 읽기 / 요한계시록 17:14–18:4
가능하면 오늘의 본문을 먼저 읽는 것이 좋지만 바로 아래 글을 읽어도 좋습니다. 충분히 본문을 이해하도록 배려하며 글을 썼습니다. 혹시 본문을 읽으신 분은 감동이 오는 말씀이나 단어 혹은 느낌을 간단히 적으시면 좋습니다.

"그들이 한 뜻을 가지고 자기의 능력과 권세를 짐승에게 주더라
그들이 어린양과 더불어 싸우려니와 어린양은 만주의 주시요 만
왕의 왕이시므로 그들을 이기실 터이요"(계17:13–14)

늘 승리한 것처럼 보이는 바벨론, 세상, 로마가 이미 그렇게 했듯이 적그리스도가 되어 "어린양"과 더불어 싸웁니다. 그들이 이길 것처럼 보입니다. 실제로 종말이 오기 전까지 그들은 이기기도 하였습니다.

"또 짐승이... 마흔두 달 동안 일할 권세를 받으니라... 권세를 받
아 성도들과 싸워 이기게 되고 각 족속과 백성과 방언과 나라를
다스리는 권세를 받으니"(계13:5,7)

종말이란 더 이상 이길 수 없는 때를 말하였습니다. 당연히 어린양의 승리였습니다. 그것만이 아니었습니다. 그 승리는 우리의 것이기도 했습니다.

"또 그와 함께 있는 자들 곧 부르심을 받고 택하심을 받은 진실한

자들도 이기리로다"(계17:14)

그들은 반드시 망한다! 그런데 재미있는 것은 그들의 멸망의 한 모습은 스스로 붕괴되는 것이었습니다. 악의 현상입니다. 다른 대상을 파괴하지만 종내에는 자신도 파괴되는 것입니다. 물론 어린양의피로 구속함을 받은 우리를 파괴하지는 못합니다. 하지만 서로를 파괴합니다. 그것이 종말의 현상이었습니다.

"네가 본 바 이 열 뿔과 짐승은 음녀를 미워하여 망하게 하고 벌
거벗게 하고 그의 살을 먹고 불로 아주 사르리라"(계17:16)

그러므로 이 놀라운 환상을 아는 한 이제 우리가 택할 길은 그 죄에 참여하지 않고 분리되어 나오는 것입니다. 사실은 그것이 이기는 것입니다. "거기서 나오라."

"또 내가 들으니 하늘로부터 다른 음성이 나서 이르되 내 백성아,
거기서 나와 그의 죄에 참여하지 말고 그가 받을 재앙들을 받지
말라"(계18:4)

'우리의 신앙은 먼저 거기서 나오는 것입니다. 그렇다면 내가 나와야 할 거기는 어디이고 무엇입니까?'

* Meditatio 묵상
오늘 말씀을 통하여 깨닫게 된 것을 짧게 적어보십시오.

사람의 영혼까지

* Lexio 읽기 / 요한계시록 18:4-13

가능하면 오늘의 본문을 먼저 읽는 것이 좋지만 바로 아래 글을 읽어도 좋습니다. 충분히 본문을 이해하도록 배려하며 글을 썼습니다. 혹시 본문을 읽으신 분은 감동이 오는 말씀이나 단어 혹은 느낌을 간단히 적으시면 좋습니다.

"내 백성아, 거기서 나와 그의 죄에 참여하지 말고 그가 받을 재
앙들을 받지 말라"(계18:4)

요한이 살고 있는 세상 로마는 통칭 "바벨론"의 모습이었고 하늘에서 본 영적인 모습은 "음녀"였습니다. 666, 짐승의 수를 받지 않고는 살 수 없는 세상이 요청하는 음녀의 속삭임은 하나님을 떠나 세상이 되어 세상을 즐기며 사는 것이었습니다. 달콤함이 음녀의 무기였습니다. 물론 그 끝은 스스로 영화로워지는 것의 탐닉이었습니다.

하지만 하나님이 계셨습니다. 하나님이 크리스천들에게 "거기서 나오라"고 말하는 이유였습니다. 음녀가 추구하는 영화, 곧 세상이 추구하는 영화는 착취와 이기적 추구의 산물이었기 때문입니다. 하나님이 심판하시는 이유였습니다.

"그가 얼마나 자기를 영화롭게 하였으며 사치하였든지 그만큼 고
통과 애통함으로 갚아 주라"(계18:7)

바로 이 같은 하나님의 강력한 의지 때문에 심판의 끝자락은 그동안 누렸던 모든 세상적인 것들이 다 무익한 것이 될 것입니다. 그런데 여기서 우리가 주의해야 할 것은 11절부터 기록되고 있는 그동안 세상과 음녀가 "땅의 상인들"을 통하여 팔던 것들의 목록입니다. 기막힙니다.

> "땅의 상인들이... 그 상품은 금과 은과 보석과 진주와 세마포와 자주 옷감과 비단과 붉은 옷감이요... 소와 양과 말과 수레와 종들과 사람의 영혼들이라"(계18:11,12,13)

세상이 추구하는 음녀의 달콤한 유혹의 끝은 "사람의 영혼"까지 팔아먹고 사용하는 것이었습니다. 영혼을 사로잡을만한 쾌락, 그것은 사람임을 포기해야 얻을 수 있는 것들입니다.

이미 세상은 그런 세상입니다. 성적 타락의 끝은 스와핑 같은 난교와 짐승, 쾌락을 위한 동성 그리고 유소년들과의 성적 탐닉, 강간 등의 더러움으로 나타났고, 사람의 육식의 욕망은 무분별한 사육과 도살 그리고 고통을 통해 얻은 고기를 먹는 것입니다. 사람임을 포기한 행위들입니다. 그것이 음녀의 달콤함의 끝처럼 보이는 것이 사실입니다.

'세상의 끝에는 극단적 쾌락이 존재합니다. 내려놓는 것을 지금부터 연습해야 합니다. 아시겠습니까?'

* Meditatio 묵상
오늘 말씀을 통하여 깨닫게 된 것을 짧게 적어보십시오.

욕망의 종료

* Lexio 읽기 / 요한계시록 18:14-24

가능하면 오늘의 본문을 먼저 읽는 것이 좋지만 바로 아래 글을 읽어도 좋습니다. 충분히 본
문을 이해하도록 배려하며 글을 썼습니다. 혹시 본문을 읽으신 분은 감동이 오는 말씀이나
단어 혹은 느낌을 간단히 적으시면 좋습니다.

"종들과 사람의 영혼들이라"(계18:13)

음녀로 표현된 세상이 팔고 사던 것의 끝에 "사람의 영혼들"이 있는
것은 쾌락의 추구 때문입니다. 사람의 영혼을 탐닉하는 새로운 형태의
흡혈귀적 삶입니다.

더 놀라운 것은 이 같은 흡혈귀적 모습은 일방적으로 용과 짐승과 거
짓 선지자로 표현되는 더러운 3종 세트가 만들어낸 것이기도 하지만
창세기의 아담의 욕망처럼 우리에게 있는 욕망의 결과이기도 합니다.
그것을 요한은 하늘에서 "네 영혼이 탐하던 과일"(계18:14)이라고 말하
는 것을 듣습니다. 아담이 탐했던 그 선악과나무 열매처럼 말입니다.

그렇다면 결국에는 "사람의 영혼"을 추구할 만큼 사람이 더러워져간
이유는 무엇입니까? 쾌락과 탐욕의 추구, 욕망과 화려함의 추구 같은
것과 관계가 있습니다. 그런 까닭에 바벨론의 붕괴 곧 마지막 날의 핵
심은 모든 쾌락과 영화 그리고 욕망의 종료입니다.

"화 있도다 화 있도다 큰 성이여 세마포 옷과 자주 옷과 붉은 옷
을 입고 금과 보석과 진주로 꾸민 것인데 그러한 부가 한 시간에
망하였도다"(계18:16-17)

어느 날부터인가 교회도 세상에서의 성공과 영광이 신앙의 이유라고
슬그머니 가르치기 시작하였습니다. 그럴듯해 보이지만 오늘 요한계시
록의 기록처럼 모든 것이 망하고 사라질 것입니다. 그것은 우리가 살아
있는 동안 심판당할 것입니다. 우리가 지금 보고 있는 한국교회의 현실
을 보면 살짝 그것을 맛볼 수 있습니다.

그 음녀의 속삭임에 넘어가지 않으며 세상의 논리에 빠지지 않고 자
기 길을 걸어가는 크리스천과 교회는 세상에서 주목받지 못하고 어려
움을 당할 수도 있을 것입니다. 그래도 용기를 갖고 걸어가야 하는 이
유는 하나님이 아시기 때문입니다. 끝이 있기 때문입니다.

"하늘과 성도들과 사도들과 선지자들아, 그로 말미암아 즐거워
하라 하나님이 너희를 위하여 그에게 심판을 행하셨음이라 하더
라"(계18:20)

'크리스천은 하나님의 자녀답게 살아야 합니다. 그것이 멋있는 것입
니다. 그렇지 않습니까?'

* Meditatio 묵상
오늘 말씀을 통하여 깨닫게 된 것을 짧게 적어보십시오.

- -

- -

제 7 부

이 세상이 끝난 후에

이 세상이 끝난 후에

* Lexio 읽기 / 요한계시록 19:1-5

가능하면 오늘의 본문을 먼저 읽는 것이 좋지만 바로 아래 글을 읽어도 좋습니다. 충분히 본문을 이해하도록 배려하며 글을 썼습니다. 혹시 본문을 읽으신 분은 감동이 오는 말씀이나 단어 혹은 느낌을 간단히 적으시면 좋습니다.

> "일곱째 천사가 그 대접을 공중에 쏟으매... 큰 성이 세 갈래로 갈
> 라지고 만국의 성들도 무너지니 큰 성 바벨론이 하나님 앞에 기
> 억하신 바 되어 그의 맹렬한 진노의 포도주 잔을 받으매 각 섬도
> 없어지고 산악도 간 데 없더라"(계16:17,19-20)

일곱 번째 대접 재앙을 통해 이 세상이 끝났다는 것은 지금 요한이 살고 있는 로마의 멸망으로 표현되지만 통칭 "바벨론"의 모습이었고 하늘에서 본 영적인 모습은 "음녀"였습니다. 그것을 자세하게 기록한 것이 이미 우리가 살핀 17-18장의 기록입니다.

그리고 이어지는 19장은 바벨론과 음녀로 상징되는 이 세상이 끝난 후의 이야기입니다.

> "이 일 후에 내가 들으니 하늘에 허다한 무리의 큰 음성 같은 것
> 이 있어 이르되 할렐루야 구원과 영광과 능력이 우리 하나님께
> 있도다"(계19:1)

사실 요한의 시대에 세상을 사는 것은 고통이었습니다. 666의 인을 받아야 했고 음녀의 포도주를 마셔야 살 수 있는 세상이었습니다. 동시에 거절하는 것은 고통과 죽음의 세상이었습니다.

하지만 "이 일 후에" 세상은 온통 "할렐루야"로 노래하는 세상이었습니다. 허다한 무리와 이십사 장로 그리고 네 생물이 하나님을 찬양하였습니다. 더 이상 세상의 시스템에 의해 움직이지 않아도 되는 새로운 세상이었습니다. 하나님을 예배하고 찬양하는 것은 그토록 누리고 싶었던 쾌락이었습니다. '자유롭게 찬양하라' 그것이 들려오는 음성이었습니다.

> "보좌에서 음성이 나서 이르시되 하나님의 종들 곧 그를 경외하
> 는 너희들아 작은 자나 큰 자나 다 우리 하나님께 찬송하라"
>
> (계19:5)

찬양하고 예배하는 것으로 모든 것이 충분한 세상, 그 곳이 하나님 나라입니다. 요한이 만난 하나님 나라였습니다.

'만일 오늘 우리가 예배로 하나님을 누리며 자유하고 있다면 이미 하나님 나라가 이루어진 것입니다. 그렇지 않습니까?'

* Meditatio 묵상
오늘 말씀을 통하여 깨닫게 된 것을 짧게 적어보십시오.

우리가 참여할 혼인예식

* Lexio 읽기 / 요한계시록 19:6-10
가능하면 오늘의 본문을 먼저 읽는 것이 좋지만 바로 아래 글을 읽어도 좋습니다. 충분히 본문을 이해하도록 배려하며 글을 썼습니다. 혹시 본문을 읽으신 분은 감동이 오는 말씀이나 단어 혹은 느낌을 간단히 적으시면 좋습니다.

> "또 내가 들으니 허다한 무리의 음성과도 같고 많은 물 소리와도
> 같고 큰 우렛소리와도 같은 소리로 이르되 할렐루야 주 우리 하
> 나님 곧 전능하신 이가 통치하시도다"(계19:6)

"하나님이 통치하신다." 모든 이야기의 결론입니다. 이 세상이 끝날 때 남는 유일한 이론입니다.

이 세상의 끝, 새로운 세상의 시작, 생각만 해도 기대되고 설레는 시작입니다. 그런데 요한이 본 그 아름다운 시작은 결혼식의 모습이었습니다.

신랑은 예수님이시지만 어린양으로 표현되었습니다. 그리고 신부(당연히 우리이지만 매우 객관적으로 묘사하고 있다)는 "빛나고 깨끗한 세마포 옷"(계19:8)을 입도록 허락되었습니다.

> "어린양의 혼인 기약이 이르렀고 그의 아내가 자신을 준비하였으

므로 그에게 빛나고 깨끗한 세마포 옷을 입도록 허락하셨으니 이 세마포 옷은 성도들의 옳은 행실이로다"(계19:7-8)

순간 당황스러울 수 있습니다. 신부가 입어야 할 세마포 옷이란 바로 "성도들의 옳은 행실"이니까 말입니다. 우리 역시 옳은 삶을 살았다고 자신할 수 없기 때문입니다. 더욱이 그 신부들은 "청함 받은 자들"(계19:9)이었습니다. 그렇다면 혹시 '순결하지 못한 우리는 제외된 것이 아닙니까?'라는 이런 질문을 할 수 있습니다.

이 질문에 답하기 위해 주의해야 할 부분은 "세마포 옷"으로 상징된 "성도들의 옳은 행실"이라는 표현입니다. 여기서 "옳은 행실"로 번역된 헬라어 단어는 '디카이오마'입니다. 우리가 잘 아는 '칭의'를 말할 때 쓰는 '디카이오수네'와 같은 어원을 갖고 있는 단어입니다. 그러니까 이 단어는 그 의미가 '판결로 인해 의롭다고 여겨진 상태'를 말하는 것입니다. 다시 말해서 십자가에서 죽으신 어린양의 피로 깨끗하게 된 상태를 말합니다. 우리의 윤리적 옳은 행실을 말하는 것이 아닙니다. 그러므로 이 잔치는 우리가 참여할 혼인예식인 것입니다.

'이제부터 우리는 거룩하고 정결해야 합니다. 그에 걸맞은 삶을 살아야 합니다. 잊지 마십시오.'

* Meditatio 묵상
오늘 말씀을 통하여 깨닫게 된 것을 짧게 적어보십시오.

우리의 절대 무기

* Lexio 읽기 / 요한계시록 19:11-16

가능하면 오늘의 본문을 먼저 읽는 것이 좋지만 바로 아래 글을 읽어도 좋습니다. 충분히 본문을 이해하도록 배려하며 글을 썼습니다. 혹시 본문을 읽으신 분은 감동이 오는 말씀이나 단어 혹은 느낌을 간단히 적으시면 좋습니다.

- -

- -

"또 내가 하늘이 열린 것을 보니 보라 백마와 그것을 탄 자가 있
으니 그 이름은 충신과 진실이라 그가 공의로 심판하며 싸우더라
그 눈은 불꽃같고...또 그가 피 뿌린 옷을 입었는데 그 이름은 하
나님의 말씀이라 칭하더라"(계19:11-13)

드디어 하나님 나라를 통치하시는 우리 주 예수 그리스도가 나타나
십니다. 이미 우리가 앞에서 읽었던 예수 그리스도의 모습입니다.

"그의 눈은 불꽃 같고"(계1:14)

"그의 입에서 좌우에 날선 검이 나오고"(계1:16)

"아멘이시요 충성되고 참된 증인이시요 하나님의 창조의 근본이
신 이"(계3:14)

그 예수 그리스도가 통치하신다는 말입니다. 당연한 통치입니다. 승
리한 자이십니다. 그런데 재미있는 것은 예수 그리스도가 입고 있는 옷
을 "피 뿌린 옷"(계19:13)이라고 묘사하고 있는 점입니다. 얼핏 생각하

면 예수가 십자가에서 흘린 피로 이해할 수 있지만 이사야 말씀을 읽어보면 다른 의미임을 알 수 있습니다.

> "그는 나이니 공의를 말하는 이요 구원하는 능력을 가진 이니라... 그들의 선혈이 내 옷에 튀어 내 의복을 다 더럽혔음이니"
> (사63:1,3)

더러운 세력을 심판하실 때 흘린 저들의 피임을 알 수 있습니다. 여기서 중요한 것은 그들을 심판한 것은 "하나님의 말씀"으로서 "검"(계19:15)이라는 사실입니다.

> "그 이름은 하나님의 말씀이라 칭하더라... 그의 입에서 예리한 검이 나오니 그것으로 만국을 치겠고 친히 그들을 철장으로 다스리며"(계19:13,15)

말씀의 능력입니다. 치열한 세상 싸움터에서 강력한 싸움을 수행할 능력입니다. 하나님의 말씀 안에 있는 실제적 능력입니다. 우리가 강조하면서도 잊고 있는 우리의 절대무기입니다.

'이미 이긴 싸움을 사는 우리가 계속 그 삶을 지켜나가는 방법은 말씀입니다. 우리가 말씀의 사람이 되어야 하는 이유입니다.'

---

* Meditatio 묵상
오늘 말씀을 통하여 깨닫게 된 것을 짧게 적어보십시오.

- -

- -

정리 수순을 밟다

* Lexio 읽기 / 요한계시록 19:17-21

가능하면 오늘의 본문을 먼저 읽는 것이 좋지만 바로 아래 글을 읽어도 좋습니다. 충분히 본
문을 이해하도록 배려하며 글을 썼습니다. 혹시 본문을 읽으신 분은 감동이 오는 말씀이나
단어 혹은 느낌을 간단히 적으시면 좋습니다.

> "또 내가 보매 그 짐승과 땅의 임금들과 그들의 군대들이 모여 그
>
> 말 탄 자와 그의 군대와 더불어 전쟁을 일으키다가"(계19:19)

일곱 대접 재앙을 끝으로 모든 것이 끝나지 않고 전쟁 이야기가 등
장합니다. 놀랍게도 그 전쟁은 이 땅의 악의 세력들이 그리스도를 대적
하는 것입니다. '어떻게 된 것인가' 하고 순간 당황할 수 있습니다. 더
욱이 그 전쟁의 시작은 땅의 모든 왕들과 군대들 그리고 모든 남아있는
악한 세력들을 "하나님의 큰 잔치"로 초청하기 때문입니다.

> "또 내가 보니 한 천사가 태양 안에 서서 공중에 나는 모든 새를
>
> 향하여 큰 음성으로 외쳐 이르되 와서 하나님의 큰 잔치에 모여
>
> 왕들의 살과 장군들의 살과 장사들의 살과 말들과 그것을 탄 자
>
> 들의 살과 자유인들이나 종들이나 작은 자나 큰 자나 모든 자의
>
> 살을 먹으라 하더라"(계19:17-18)

이 같은 기록이 이상할 수 있지만 모든 것이 끝나고 난 후의 정리하

는 이야기라 할 수 있습니다. "하나님의 잔치"에 초대되는 것도 모든 대적하는 세력의 종말을 위한 것이었습니다. 일종의 종말론적인 식사, 정리 수순입니다. 어린양의 혼인 잔치가 저들에게는 패배의 자리가 된 것입니다.

또한 여기 매우 중요한 세력이 종말을 만납니다. 바로 더러운 것들의 3종 세트 중에서 바다와 땅에서 올라왔던 짐승들, 곧 짐승과 거짓 선지자의 종말입니다.

> "전쟁을 일으키다가 짐승이 잡히고 그 앞에서 표적을 행하던 거 짓 선지자도 함께 잡혔으니 이는 짐승의 표를 받고 그의 우상에 게 경배하던 자들을 표적으로 미혹하던 자라 이 둘이 산 채로 유 황불 붙는 못에 던져지고"(계19:19-20)

다 끝난 것들의 정리가 확인되고 있는 순간입니다. 이제 남은 것은 우두머리 용으로 상징되는 사탄의 멸망뿐입니다. 종말의 종료입니다.

'늘 자신을 돌아봐야 합니다. '나는 무엇을 향하고 있는가? 나는 말씀 으로 의롭다함을 얻었는가? 어린양의 피로 깨끗함을 받은 자인가? 믿 음의 사람인가?' 종말이 가까울수록 확인해야 하는 질문들입니다.'

* Meditatio 묵상
오늘 말씀을 통하여 깨닫게 된 것을 짧게 적어보십시오.

사탄, 그 가벼운 존재

* Lexio 읽기 / 요한계시록 20:1-3
가능하면 오늘의 본문을 먼저 읽는 것이 좋지만 바로 아래 글을 읽어도 좋습니다. 충분히 본문을 이해하도록 배려하며 글을 썼습니다. 혹시 본문을 읽으신 분은 감동이 오는 말씀이나 단어 혹은 느낌을 간단히 적으시면 좋습니다.

> "또 내가 보매 천사가 무저갱의 열쇠와 큰 쇠사슬을 그의 손에 가지고 하늘로부터 내려와서 용을 잡으니 곧 옛 뱀이요 마귀요 사탄이라 잡아서 천 년 동안 결박하여 무저갱에 던져 넣어 잠그고 그 위에 인봉하여 천 년이 차도록 다시는 만국을 미혹하지 못하게 하였는데"(계20:1-3)

종말의 마지막 정리는 소위 용, 사탄을 끝내는 것입니다. 그런데 약간 이상합니다. 사탄의 끝이 너무 무기력합니다. 그것도 천사에게 묶이는 것이 너무 허망합니다.

아니, 이 같은 기록이 옳은 것입니다. 그동안 교회의 일부는 사탄을 지나치게 하나님과 직접 싸울 수 있는 존재로 부풀린 것이 사실입니다. 특히 영적 전쟁을 말하면서 사탄이 통치하는 특별한 지역이 있는 것처럼 강조해온 것이 사실입니다. 급기야 퇴마사 같은 것들도 등장했습니다. 하지만 사탄 곧 용은 별 것 아닌 존재입니다.

본문에서 보듯이 사탄은 하나님을 직접 대면하여 싸울 수 있는 존재가 아닙니다. 천사가 다루면 되는 존재입니다. 그래서 우리는 오해하기도 합니다. 천사가 우리보다 더 우월한 존재라고 말입니다. 요한조차도 그렇게 생각했습니다. 일곱 대접 재앙 후 일어난 하나님 나라의 도래를 알리고 영광을 선포하는 천사의 위엄에 요한이 놀라서 경배하려 하였을 때입니다. 그때 천사의 말이 중요합니다.

> "내가 그 발 앞에 엎드려 경배하려 하니 그가 나에게 말하기를 나는 너와 및 예수의 증언을 받은 네 형제들과 같이 된 종이니 삼가 그리하지 말고 오직 하나님께 경배하라 예수의 증언은 예언의 영이라 하더라"(계19:10)

간단히 말해서 천사와 인간은 하나님 앞에 똑같은 위치의 피조물이라는 말이었습니다. 그런 의미에서 사탄을 가볍게 물리친 천사처럼 우리도 사탄을 가볍게 정리할 수 있는 것입니다. 야고보서 기자의 말을 주의 깊게 들어보십시오.

> "너희는 하나님께 복종할지어다 마귀를 대적하라 그리하면 너희를 피하리라"(약4:7)

'우리는 사탄, 마귀 심지어 귀신이라는 말만 들어도 지레 겁을 먹습니다. 그것은 우리 자신이 하나님의 자녀라는 것을 느끼지 못하기 때문입니다. 잊지 마십시오. 우리는 하나님의 자녀입니다. 그러므로 대적하십시오.'

* Meditatio 묵상
오늘 말씀을 통하여 깨닫게 된 것을 짧게 적어보십시오.

천년왕국을 살고 있다 1

* Lexio 읽기 / 요한계시록 20:4-6
가능하면 오늘의 본문을 먼저 읽는 것이 좋지만 바로 아래 글을 읽어도 좋습니다. 충분히 본문을 이해하도록 배려하며 글을 썼습니다. 혹시 본문을 읽으신 분은 감동이 오는 말씀이나 단어 혹은 느낌을 간단히 적으시면 좋습니다.

- -

- -

> "용을 잡으니 곧 옛 뱀이요 마귀요 사탄이라 잡아서 천 년 동안
> 결박하여 무저갱에 던져 넣어 잠그고 그 위에 인봉하여 천 년이
> 차도록 다시는 만국을 미혹하지 못하게 하였는데 그 후에는 반드
> 시 잠깐 놓이리라"(계20:2-3)

이 기막힌 말씀을 통하여 우리가 알게 되는 것은 그동안 긴장관계로 설명하던 두 왕국의 논리나 이원론은 없다는 것입니다. 오로지 하나님 한 분만이 홀로 존재하는 분이시라는 것을 요한계시록이 드러내기 때문입니다.

여기서 문제는 천년왕국에 대한 이해입니다. 특히 오늘 본문을 문자 그대로 읽으면 전천년왕국설이 그럴듯해 보입니다. 왜냐하면 19장 11절에서 16절에 주님의 재림이 기록되었지만 방금 읽은 20장 4절에서 6절에는 주님의 재림이 등장하지 않기 때문입니다. 그러므로 지금 현 세상은 주님이 재림하시기 전, 천년왕국이 시작되기 전인 것입니다. 그토록 종말의 현상들을 따져보고 심지어 종말의 시간을 계산하는 시한부 종말론자들까지 횡횡하게 된 이유입니다.

이 같은 시도들은 요한이 제시하고 있는 이 상징적인 그림언어들을 연대기적인 달력처럼 이해했기 때문입니다. 결국 사탄의 실제적인 힘을 묘사하는 영적전쟁의 그림이나 666, 짐승, 세계 정부, 144,000명, 유대인의 개종, 시오니즘 등의 시도들은 이 같은 말씀을 지나치게 해석한 것임을 알 수 있습니다. 주님의 재림이 가까운 끝자락, 특히 천년왕국이 시작되기 직전이라고 이해하였기 때문입니다.

하지만 성경을 조금만 주의 깊게 읽어도 알 수 있는 것은 사탄은 이미 예수 그리스도의 십자가 앞에서 치명적인 상처를 입었고 이미 초라한 존재가 되었습니다. 동시에 우리의 구원은 이미 예수를 믿으므로 이루어진 것이고 성취된 것입니다. 무슨 연대기적인 천년왕국 후에 이루어지는 것이 아닙니다. 우리는 지금 승리한 삶을 살고 있는 것이기에 이미 주님과 천년왕국의 삶을 누리고 있는 것입니다. 바울의 말을 들어보십시오.

> "허물로 죽은 우리를 그리스도와 함께 살리셨고(과거형) 너희는 은혜로 구원을 받은 것이라 또 함께 일으키사(과거형) 그리스도 예수 안에서 함께 하늘에 앉히시니(과거형)"(엡2:5-6)

'이미 우리는 예수와 함께 살고 있습니다. 잊지 마십시오.'

* Meditatio 묵상
오늘 말씀을 통하여 깨닫게 된 것을 짧게 적어보십시오.

- -

- -

천년왕국을 살고 있다 2

* Lexio 읽기 / 요한계시록 20:7-10

가능하면 오늘의 본문을 먼저 읽는 것이 좋지만 바로 아래 글을 읽어도 좋습니다. 충분히 본문을 이해하도록 배려하며 글을 썼습니다. 혹시 본문을 읽으신 분은 감동이 오는 말씀이나 단어 혹은 느낌을 간단히 적으시면 좋습니다.

> "예수를 증언함과 하나님의 말씀 때문에… 짐승과 그의 우상에게 경배하지 아니하고 그들의 이마와 손에 그의 표를 받지 아니한 자들이 살아서 그리스도와 더불어 천 년 동안 왕 노릇 하니… 이는 첫째 부활이라"(계20:4-5)

다시 생각해야 할 것은 천년왕국에 대한 이해입니다. 이미 우리는 시한부종말론을 이끌어내었던 전천년왕국설의 문제점을 살폈습니다. 사실 많은 학자들은 무천년설 입장에 서 있습니다. 천년왕국을 상징적으로 해석하기 때문입니다.

실제로 예수 그리스도가 십자가에 못 박히시고 모든 죄의 권세에서 놓임 받는 구속사업의 완성은 굳이 표현하면 천년왕국의 시작을 말하고 있습니다. 그것이 요한계시록이 말하고 있는 "첫째 부활"입니다. 그래서 바울은 에베소서에서 이미 우리가 예수와 함께 살리셨고 일으키셨고 하늘에 앉히셨음을 모두 과거형으로 표현하였습니다. 예수님 역시 이 놀라운 부분에 대하여 이렇게 말씀하셨습니다.

"예수께서 이르시되 나는 부활이요 생명이니 나를 믿는 자는 죽어도 살겠고 무릇 살아서 나를 믿는 자는 영원히 죽지 아니하리니 이것을 네가 믿느냐"(요11:25-26)

"죽어도 살겠고." 이것이 믿음으로 얻는 첫째 부활입니다. 영적인 상태를 말합니다. 그리고 이어지는 "영원히 죽지 아니하는" 상태가 종말의 완성에 이루어지는 두 번째 부활(영원한 삶)이라 말할 수 있습니다.

물론 이어지는 기술들, "사탄이 옥에서 놓여"(계20:7)라는 기록이나 "곡과 마곡"(계20:8)을 미혹하고 일으키는 전쟁들이 혼란스럽게 할 수 있습니다. 하지만 이 같은 기록은 묵시문학의 전통의 틀에서 볼 필요가 있습니다. 그런 점에서 이 같은 기록은 '민수기 11:27에 대한 예루살렘의 타르굼을 보면 '마지막 날에, 곡과 마곡, 그리고 그들의 주인이 예루살렘에 대항해 올 것이다...' '곡과 마곡'을 앞서 그려진 천년 동안 존재하는 역사적 국가로 보아서도, 성경 예언에 '예시된' 이 시대의 국가로 보아서도 안된다. 요한은 우리의 상상력을 통해 악이 최종 파괴되는 장면'(유진 보링, 요한계시록, 한국장로교출판사, 296)을 보여주려 하였다고 해석한 유진 보링의 입장을 따르고 싶습니다.

'이미 우리는 첫째 부활에 참여한 자로 천년왕국을 살고 있다고 할 수 있습니다. 그렇지 않습니까?'

* Meditatio 묵상
오늘 말씀을 통하여 깨닫게 된 것을 짧게 적어보십시오.

- -

- -

생명책에 기록된 우리

* Lexio 읽기 / 요한계시록 20:11-15

가능하면 오늘의 본문을 먼저 읽는 것이 좋지만 바로 아래 글을 읽어도 좋습니다. 충분히 본문을 이해하도록 배려하며 글을 썼습니다. 혹시 본문을 읽으신 분은 감동이 오는 말씀이나 단어 혹은 느낌을 간단히 적으시면 좋습니다.

- -

- -

> "또 내가 크고 흰 보좌와 그 위에 앉으신 이를 보니 땅과 하늘이
> 그 앞에서 피하여 간 데 없더라"(계20:11)

이제 완벽하게 모든 것이 끝났습니다. "땅과 하늘이 간 데 없더라"는 표현이 정확하게 말해줍니다. 그런데 그 완전한 마지막 시간에 이루어지는 것은 심판이었습니다. 이 모든 것들은 보좌 앞에 놓인 우리들의 삶에 대한 기록이 담겨진 책에 따라 이뤄질 것이었습니다.

> "또 내가 보니 죽은 자들이 큰 자나 작은 자나 그 보좌 앞에 서 있
> 는데 책들이 펴 있고 또 다른 책이 펴졌으니 곧 생명책이라 죽은
> 자들이 자기 행위를 따라 책들에 기록된 대로 심판을 받으니...
> 각 사람이 자기의 행위대로 심판을 받고"(계20:12-13)

보좌 앞에는 많은 책들이 있었습니다. 그것들은 "자기 행위를 따라 기록된" 내용이 담긴 책들이었습니다. 그것에 비추어 "자기의 행위대로 심판을 받고 불못"에 던져질 수도 있는 것이었습니다.

"각 사람이 자기의 행위대로 심판을 받고 사망과 음부도 불못에
던져지니 이것은 둘째 사망 곧 불못이라"(계20:13-14)

행위가 기록된 책, 사실 우리 앞에 우리의 행위를 기록한 것을 들이
대고 심판한다면 피할 사람은 한 명도 없을 것입니다. 그런데 그 곳에
또 한 권의 책이 있었습니다. 바로 생명책이었습니다. 분명 행위에 문
제가 있을지라도 생명책에 기록된 이들은 영원한 구원을 받는 것이었
습니다. 그것은 이미 정해진 것이었습니다.

"누구든지 생명책에 기록되지 못한 자는 불못에 던져지더라"
(계20:15)

당연히 이 생명책은 "죽임을 당한 어린양의 생명책"(계13:8)입니다.
그러니까 이 책에 기록될 수 있는 이들은 어린양의 피로 구속함을 받은
믿음의 사람들입니다. 바로 우리가 영원한 구원을 받는 이유입니다. 어
린양 예수를 믿는 우리들이 영원한 부활에 참여하는 이유입니다.

'어린양의 피로 깨끗하게 된 존재임을 믿으십니까?'

* Meditatio 묵상
오늘 말씀을 통하여 깨닫게 된 것을 짧게 적어보십시오.

- -

- -

아름다운 하나님 나라

* Lexio 읽기 / 요한계시록 21:1-4
가능하면 오늘의 본문을 먼저 읽는 것이 좋지만 바로 아래 글을 읽어도 좋습니다. 충분히 본문을 이해하도록 배려하며 글을 썼습니다. 혹시 본문을 읽으신 분은 감동이 오는 말씀이나 단어 혹은 느낌을 간단히 적으시면 좋습니다.

"사망과 음부도 불못에 던져지니 이것은 둘째 사망 곧 불못이라

누구든지 생명책에 기록되지 못한 자는 불못에 던져지더라"

(계20:14-15)

표현이 너무 강력합니다. "사망과 음부도 불못에 던져지다." 모든 것이 끝났다는 말입니다. 죽는다든지 무슨 지옥이라든지 이런 것들과는 관계없는 나라가 왔다는 뜻입니다. 하나님 나라의 노래입니다. 그 기막힌 장면을 요한은 이렇게 표현하였습니다.

"또 내가 새 하늘과 새 땅을 보니 처음 하늘과 처음 땅이 없어졌고 바다도 다시 있지 않더라"(계21:1)

"다시 있지 않다." 그것들은 용이 머물던 "하늘"(물론 이 하늘은 하나님 나라가 아닙니다)과 거짓 선지자로서 짐승이 나온 "땅", 그리고 짐승이 나온 "바다"의 소멸이었습니다. 우리를 위협하는 모든 것의 소멸이었습니다.

놀랍게도 하나님 나라에는 "하나님의 장막", 곧 성전이 필요 없었습니다. 왜냐하면 하나님이 직접 하나님의 사람들과 함께 계시기 때문이었습니다. 굳이 성전 안에 계실 이유가 없기 때문입니다. 하나님이 직접 함께 있는 곳, 그래서 하나님 나라였습니다.

> "보라 하나님의 장막이 사람들과 함께 있으매 하나님이 그들과
> 함께 계시리니 그들은 하나님의 백성이 되고 하나님은 친히 그들
> 과 함께 계셔서"(계21:3)

무엇보다 중요한 것은 "모든 눈물"(계21:4)을 가져오는 모든 종류의 고통, 애통 그리고 죽음 같은 것의 종료가 이루어졌습니다. 하나님이 사람들의 "눈물을 그 눈에서 닦아"(계21:4) 주셨습니다.

우리를 누르고 고통하게 하던 것들, "이전 것들"(공동번역) 즉 "처음 것들이 다 지나갔"(계21:4)습니다. 고통과 죽음은 흔적도 없이 사라진 것입니다. 이 믿기 힘든 아름다움이 우리를 기다리고 있는 것입니다. 바로 요한이 보고 있던 것이었습니다.

'잘 이해할 수 없는 이 아름다운 하나님 나라의 도래를 믿습니다. 우리가 믿는 신앙의 근거입니다.'

* Meditatio 묵상
오늘 말씀을 통하여 깨닫게 된 것을 짧게 적어보십시오.

오늘 하나님 나라를 누리다

* Lexio 읽기 / 요한계시록 21:5-8
가능하면 오늘의 본문을 먼저 읽는 것이 좋지만 바로 아래 글을 읽어도 좋습니다. 충분히 본문을 이해하도록 배려하며 글을 썼습니다. 혹시 본문을 읽으신 분은 감동이 오는 말씀이나 단어 혹은 느낌을 간단히 적으시면 좋습니다.

- -

- -

> "또 내가 새 하늘과 새 땅을 보니 처음 하늘과 처음 땅이 없어졌
> 고 바다도 다시 있지 않더라... 처음 것들이 다 지나갔음이러라"
>
> (계21:1,4)

모든 것이 다 사라지고 끝나는 것의 의미는 모든 것이 다시 새로워지는 것을 말합니다. 특히 크리스천에게 하나님 나라는 시작을 의미합니다. 그런데 주의할 것은 시제가 과거형이라는 점입니다. "지나갔다"는 말은 과거 능동태로 쓰여 있습니다. 그러니까 요한이 보고 있는 새 하늘과 새 땅의 도래는 시간적으로 보면 아직 오지 않은 미래적 시점에서 기록한 것임을 알 수 있습니다. 그런 까닭에 이미 이루어진 하나님 나라를 보면서 이전 것들의 사라짐을 과거형으로 표현한 것입니다. 하지만 5절부터는 시제가 바뀝니다.

> "보좌에 앉으신 이가 이르시되 보라 내가 만물을 새롭게 하노라
> 하시고"(계21:5)

"만물을 새롭게 하노라." 4절까지의 기록이 과거 능동태를 쓰고 있다면 5절부터는 현재 능동태를 쓰고 있습니다. 그러니까 5절부터는 종말

후 미래가 시점이 아니라 지금 요한이 살고 있는 로마통치 시대 시점인 것입니다. 특히 6절에서 8절까지 하나님이 기록하라고 하신 말씀들이 미래 시제로 쓰이고 있습니다. 더 중요한 것은 그 미래에 이뤄질 것들은 이미 종말의 때에 벌어지는 심판을 기록한 20장 12절-15절의 기록과 동일하기까지 합니다.

> "각 사람이 자기의 행위대로 심판을 받고 사망과 음부도 불못에 던져지니 이것은 둘째 사망 곧 불못이라"(계20:13-14)

> "모든 자들은 불과 유황으로 타는 못에 던져지리니 이것이 둘째 사망이라"(계21:8)

그러니까 요한이 보고 있는 것은 반드시 이루어질 것의 이야기입니다. 그러나 아직 오지 않은 것입니다. 그러므로 현재 아무리 힘들더라도 우리는 그 미래를 만날 것입니다. 그래서 잊지 말아야 합니다. "기록하라"(계21:5)고 명령하신 이유입니다. 우리도 잊지 말아야 합니다. 반드시 도래할 하나님 나라를 꿈꾸며 살아야 합니다. 사실 그 나라를 꿈꾸는 순간 우리는 지금 그 하나님 나라를 누리는 일이 벌어질 것입니다. 그것이 신앙입니다.

'반드시 도래할 하나님 나라를 오늘도 살아야 합니다.'

* Meditatio 묵상
오늘 말씀을 통하여 깨닫게 된 것을 짧게 적어보십시오.

완벽한 영광

* Lexio 읽기 / 요한계시록 21:9-27
가능하면 오늘의 본문을 먼저 읽는 것이 좋지만 바로 아래 글을 읽어도 좋습니다. 충분히 본문 이해하도록 배려하며 글을 썼습니다. 혹시 본문을 읽으신 분은 감동이 오는 말씀이나 단어 혹은 느낌을 간단히 적으시면 좋습니다.

- - - - - - - - - - - - - - - - - - - -

> "일곱 대접을 가지고 마지막 일곱 재앙을 담은 일곱 천사 중 하나
> 가 나아와서 내게 말하여 이르되 이리 오라 내가 신부 곧 어린양
> 의 아내를 네게 보이리라 하고"(계21:9)

약간 이상할 수 있습니다. 여전히 일곱 대접 재앙을 담은 일곱 천사가 나오기 때문입니다. 그러니까 앞에서 언급한 것처럼 요한이 살고 있는 현재 시제 상태에서의 기록이 계속되고 있는 것임을 기억하는 것이 중요합니다.

요한이 본 것은 "하나님께로부터 하늘에서 내려오는 거룩한 성 예루살렘"(계21:10)의 위용이었습니다. 아름답기가 한량없었습니다. 우리가 살고 있는 이 세상에서 도무지 표현할 수 없는 아름다움의 극치였습니다.

> "하나님의 영광이 있어 그 성의 빛이 지극히 귀한 보석 같고 벽옥
> 과 수정 같이 맑더라"(계21:11)

> "그 성곽은 벽옥으로 쌓였고 그 성은 정금인데 맑은 유리 같더

라 그 성의 성곽의 기초석은 각색 보석으로 꾸몄는데 첫째 기초
석은 벽옥이요 둘째는 남보석이요 셋째는 옥수요 넷째는 녹보석
이요 다섯째는 홍마노요 여섯째는 홍보석이요 일곱째는 황옥이
요 여덟째는 녹옥이요 아홉째는 담황옥이요 열째는 비취옥이요
열한째는 청옥이요 열두째는 자수정이라 그 열두 문은 열두 진
주니"(계21:18-21)

무엇보다 중요한 것은 하나님 나라 안의 모습이었습니다. 앞에서 언
급했지만 성전이 없었습니다. 그것은 당연한 것이었습니다. 성전이신
주님이 거기 계시기 때문이었습니다.

"성 안에서 내가 성전을 보지 못하였으니 이는 주 하나님 곧 전능
하신 이와 및 어린양이 그 성전이심이라"(계21:22)

무엇보다 밤이 존재하지 않았습니다. 어둠은 그림자도 없었습니다.
"하나님의 영광이 비치고 어린양이 그 등불"(계21:23)이 되시기 때문이
었습니다. 어린양의 피로 그 생명책에 기록된 자들만이 들어갈 수 있었
습니다. 완벽한 영광이었습니다.

'어린양의 피로 깨끗하게 된 우리가 갈 곳이 바로 하나님 나라입니
다. 황홀하지 않습니까?'

* Meditatio 묵상
오늘 말씀을 통하여 깨닫게 된 것을 짧게 적어보십시오.

159

생명나무 열매를 먹은 자

* Lexio 읽기 / 요한계시록 22:1-5

가능하면 오늘의 본문을 먼저 읽는 것이 좋지만 바로 아래 글을 읽어도 좋습니다. 충분히 본문을 이해하도록 배려하며 글을 썼습니다. 혹시 본문을 읽으신 분은 감동이 오는 말씀이나 단어 혹은 느낌을 간단히 적으시면 좋습니다.

> "그 성은 해나 달의 비침이 쓸 데 없으니 이는 하나님의 영광이
> 비치고 어린양이 그 등불이 되심이라"(계21:23)

다시 밤이 없는 곳, 그곳이 하나님 나라였습니다. 요한은 그것이 너무 좋았던 것 같습니다. '하나님이 빛이라'는 것을 반복해서 표현하는 이유입니다.

> "다시 밤이 없겠고 등불과 햇빛이 쓸 데 없으니 이는 주 하나님이
> 그들에게 비치심이라 그들이 세세토록 왕 노릇 하리로다"(계22:5)

그런데 하나님 나라에 한동안 우리가 잊고 있던 나무가 있었습니다. "생명나무"였습니다. 에덴동산 중앙에 있던 나무였습니다.

> "생명수의 강... 길 가운데로 흐르더라 강 좌우에 생명나무가 있
> 어 열두 가지 열매를 맺되 달마다 그 열매를 맺고 그 나무 잎사귀
> 들은 만국을 치료하기 위하여 있더라"(계22:1-2)

"생명나무!" 그것의 존재는 "치료"였습니다. 그러니까 영원한 생명이 있는 이유는 치료하기 때문임을 알 수 있습니다. 우리의 질병만이 아니라 우리의 영과 죄로 무너진 우리를 치료하기 때문입니다.

그렇습니다. 어린양 예수의 피로 거듭나고 새로워진 존재는 하나님 나라를 사는 것입니다. 그 말은 생명나무를 먹는 것처럼 새롭게 되는 것입니다. 그러니까 예수 그리스도가 우리의 생명나무인 것입니다. 절대로 죽을 수 없는 것입니다.

> "예수께서 이르시되 나는 부활이요 생명이니 나를 믿는 자는 죽어도 살겠고 무릇 살아서 나를 믿는 자는 영원히 죽지 아니하리니"(요 11:25-26)

자신 안에 예수 그리스도가 있는 자들은 죽지 않습니다. 이미 생명나무 열매를 먹은 자이기 때문입니다. 매일 새롭게 소생되고 새로운 삶을 살 수 밖에 없는 존재가 되었기 때문입니다.

'이런 점에서 볼 때 나는 생명을 가진 존재입니까?'

* Meditatio 묵상

오늘 말씀을 통하여 깨닫게 된 것을 짧게 적어보십시오.

- -

- -

제8부

결론, 아멘 에르쿠 퀴리에 예수

기다리고 계신 주님

* Lexio 읽기 / 요한계시록 22:6-11
가능하면 오늘의 본문을 먼저 읽는 것이 좋지만 바로 아래 글을 읽어도 좋습니다. 충분히 본
문을 이해하도록 배려하며 글을 썼습니다. 혹시 본문을 읽으신 분은 감동이 오는 말씀이나
단어 혹은 느낌을 간단히 적으시면 좋습니다.

> "또 그가 내게 말하기를 이 말은 신실하고 참된지라"(계22:6)

다시 현재 시제로 돌아온 상태에서 꿈이 아니라는 것을 주님은 강조
하십니다. "이 말은 신실하고 참된지라" 이어진 주님의 말씀은 "속히
오신다"는 것과 딴 생각하지 말고 이 예언의 말씀을 따라 살라는 것이
었습니다.

> "보라 내가 속히 오리니 이 두루마리의 예언의 말씀을 지키는 자
> 는 복이 있으리라 하더라"(계22:7)

주님은 매우 네거티브한 방법으로 속히 오실 것을 다시 강조하셨습
니다. 매우 심각하게 보입니다.

> "불의를 행하는 자는 그대로 불의를 행하고 더러운 자는 그대로
> 더럽고 의로운 자는 그대로 의를 행하고 거룩한 자는 그대로 거
> 룩하게 하라 보라 내가 속히 오리니"(계22:11-12)

여기서 의아한 표현이 나옵니다. "속히 오리니"라는 긴급한 표현입니다. 아시다시피 그 긴급한 종말은 아직도 오지 않은 채 초대교회 시절부터 보자면 이천년이 지났습니다. 앞으로도 요원해보입니다.

사실 주님이 말씀하시는 "속히"는 그 분의 입장에서 볼 때 언제나 "속히"입니다. 어떤 의미에서 하나님의 "속히"는 우리가 구원받기에 준비된 시간을 말하는 것이라고 생각합니다. 한 영혼도 멸망 받지 않기를 원하시기 때문입니다.

> "주의 약속은 어떤 이들이 더디다고 생각하는 것 같이 더딘 것이
> 아니라 오직 주께서는 너희를 대하여 오래 참으사 아무도 멸망하
> 지 아니하고 다 회개하기에 이르기를 원하시느니라"(벧후3:9)

어쩌면 결국 오게 될 종말 역시 주님이 보시기에는 "속히" 일지 모릅니다. 우리가 준비된 시간을 마지막 순간까지 기다리시기 때문입니다. 어쩌면 종말을 더 멀리 뒤로 미루고 싶으실 지도 모릅니다. 그런 까닭에 우리가 볼 때 아무리 늦어지더라도 주님이 볼 때는 언제나 "속히"일 것입니다.

'기다리고 계신 주님을 실망시키지 마십시오.'

* Meditatio 묵상
오늘 말씀을 통하여 깨닫게 된 것을 짧게 적어보십시오.

- -

- -

비밀을 아는 자의 삶

* Lexio 읽기 / 요한계시록 22:12-16

가능하면 오늘의 본문을 먼저 읽는 것이 좋지만 바로 아래 글을 읽어도 좋습니다. 충분히 본문을 이해하도록 배려하며 글을 썼습니다. 혹시 본문을 읽으신 분은 감동이 오는 말씀이나 단어 혹은 느낌을 간단히 적으시면 좋습니다.

"보라 내가 속히 오리니 이 두루마리의 예언의 말씀을 지키는 자

는 복이 있으리라 하더라"(계22:7)

이 기막힌 예언의 말씀을 대언하는 천사에게 요한은 경외감을 느꼈습니다. 물론 예언의 말씀에 대한 것이었지만 그것을 대언하는 천사마저 경외롭게 보인 것입니다. 그래서 요한은 자신도 모르게 "경배하려고 엎드렸다"(계22:8)고 기록합니다. 그때 천사의 말이 의미가 있습니다.

"그가 내게 말하기를 나는 너와 네 형제 선지자들과 또 이 두루마

리의 말을 지키는 자들과 함께 된 종이니 그리하지 말고 하나님

께 경배하라 하더라"(계22:9)

영광을 받을 분은 오직 하나님뿐이라는 정확한 인식이었습니다. 영광은 어느 누구도 은근 슬쩍 묻어갈 수 있는 것이 아닙니다. 우리가 놓치기 쉬운 부분입니다.

두말할 것도 없이 하나님은 모든 것의 시작이고 모든 것의 끝이기 때문입니다. 예외가 없습니다.

"나는 알파와 오메가요 처음과 마지막이요 시작과 마침이라"
(계22:13)

이제 마지막을 기다리는 것, 곧 하나님 나라를 기대하면서 이 놀라운 예언적 환상을 본 이들은 어떤 태도를 취해야 합니까? 이에 대한 대답으로 요한은 매우 재미있게 주의 말씀을 적었습니다.

"자기 두루마기를 빠는 자들은 복이 있으니 이는 그들이 생명나무에 나아가며 문들을 통하여 성에 들어갈 권세를 받으려 함이로다"(계22:14)

"자기 두루마기"를 빠는 자들, "각 사람에게 그가 행한 대로 갚아"주시는 분을 의식하는 자들, 이제 모든 것을 알게 된 크리스천들이 해야 하는 태도인 것입니다. 크리스천답게, 비밀을 안자답게 삶을 사는 것입니다. 예언의 말씀을 따라서 흔들림 없이 말입니다.

'아무리 고통이 다가와도 다른 삶을 살아야 합니다. 비밀을 알기 때문입니다. 그렇지 않습니까?'

* Meditatio 묵상
오늘 말씀을 통하여 깨닫게 된 것을 짧게 적어보십시오.

- -

- -

두려움으로

* Lexio 읽기 / 요한계시록 22:17-19
가능하면 오늘의 본문을 먼저 읽는 것이 좋지만 바로 아래 글을 읽어도 좋습니다. 충분히 본문을 이해하도록 배려하며 글을 썼습니다. 혹시 본문을 읽으신 분은 감동이 오는 말씀이나 단어 혹은 느낌을 간단히 적으시면 좋습니다.

> "나 예수는 교회들을 위하여 내 사자를 보내어 이것들을 너희에
> 게 증언하게 하였노라 나는 다윗의 뿌리요 자손이니 곧 광명한
> 새벽 별이라 하시더라"(계22:16)

빛나는 새벽별, 이제 곧 아침이 온다는 의미입니다. "속히 오리라"의 은유적 표현입니다. 그러므로 이제 시급한 것은 그 날이 오기 전에 빨리 어린양의 보혈로 구원받는 것입니다. '믿는 것'입니다. 다른 어떤 것보다 시급한 일입니다.

> "성령과 신부가 말씀하시기를 오라 하시는도다 듣는 자도 오라
> 할 것이요 목마른 자도 올 것이요 또 원하는 자는 값없이 생명수
> 를 받으라 하시더라"(계22:17)

오로지 어린양 예수를 믿음으로 구원에 이르고, 우리를 향한 구원의 간절함은 "속히"란 말 속에 포함되어 있으며 그 구원을 받은 자들은 예언의 말씀을 따라 비밀을 아는 자답게 살아야 합니다. 그것이 중요합니다.

마지막으로 주님은 매우 중요한 경고를 하셨습니다. 그것은 이 말씀을 임의적으로 해석하여 더하거나 제하면 재앙을 내릴 뿐 아니라 영원한 나라에 참여할 몫을 제하여 버리신다고 말씀하신 것입니다.

> "만일 누구든지 이것들 외에 더하면 하나님이 이 두루마리에 기록된 재앙들을 그에게 더하실 것이요... 제하여 버리면 하나님이 이 두루마리에 기록된 생명나무와 및 거룩한 성에 참여함을 제하여 버리시리라"(계22:18–19)

"제하여 버린다!" 두려움입니다. 하나님의 말씀을 대하는 자들이 가져야 할 바른 태도입니다. 당연히 하나님의 말씀이기 때문입니다.

자기 편의대로 말씀을 해석하거나 자기 유익이나 목적을 위하여 말씀을 이용하는 것은 매우 위험한 일입니다. 언제나 말씀 앞에 정직하게 서는 것이 중요한 것입니다. 오로지 말씀이 스스로 말씀하시도록 자리를 내어드리는 것이 옳은 태도인 것입니다.

'이제 곧 주님이 오실 것입니다. 그 마음이 중요합니다. 편의적으로 해석하지 않고 주님을 기다리는 것, 그것이 바른 신앙입니다. 그렇지 않습니까?'

* Meditatio 묵상
오늘 말씀을 통하여 깨닫게 된 것을 짧게 적어보십시오.

아멘 에르쿠 퀴리에 예수

* Lexio 읽기 / 요한계시록 22:20-21

가능하면 오늘의 본문을 먼저 읽는 것이 좋지만 바로 아래 글을 읽어도 좋습니다. 충분히 본문을 이해하도록 배려하며 글을 썼습니다. 혹시 본문을 읽으신 분은 감동이 오는 말씀이나 단어 혹은 느낌을 간단히 적으시면 좋습니다.

그 시대는 두려움의 시대였습니다. 수많은 이들이 고통을 당하고 순교하였습니다. 요한에게 고통이란 형제처럼 지내던 사도들의 순교 소식이었을 것입니다. 시간 차이가 있었겠지만 그 죽음의 소식은 두려운 것이었을 것입니다.

유세비우스가 쓴 교회사에는 열두 사도들의 마지막이 기록되어 있습니다. 예루살렘에서 순교한 야고보와 알패오의 아들 야고보, 잘 알다시피 베드로는 로마에서 십자가에 거꾸로 못 박혀 순교했습니다. 안드레는 헬라지역 아가야에서 선교하던 중 X형 십자가에 매달려 순교하였고 빌립은 소아시아 부르기아에서 전도하다가 기둥에 매달려 찢겨져 순교하였습니다. 바돌로매는 알메니아에서 십자가에 거꾸로 매달려 순교하였고 도마는 인도에서 창에 맞아 순교하였으며 마태와 맛디아는 북아프리카 이디오피아에서 창에 찔려 순교하였습니다. 그리고 시몬은 애굽에서 전도하고 돌아오다 활에 맞아 순교하였고 야고보의 동생 유다는 페르시아에 가서 전도하다가 순교하였습니다.

분명 두렵고 떨리는 시대였습니다. 하지만 더 두렵고 떨리는 것이 심판이었습니다. 영원한 것이었기 때문입니다. 동시에 흥분되는 기다림이었습니다. 영원한 하나님 나라가 준비된 것 때문이었습니다. 오로지 어린양 예수의 공로로 갈 수 있는 하나님 나라, 그것은 영광스러운 혼인 잔치였습니다.

이 기막힌 환상의 끝에 주님이 말씀 하셨습니다. "내가 진실로 속히 오리라."(계22:20) 그때 요한은 지체할 수가 없었습니다. 기다리던 순간이었기 때문입니다. 그가 외치는 소리가 들리는 듯합니다.

"아멘 주 예수여 오시옵소서"(계22:20)

이 아름답고 사모하는 대화를 헬라어 문장으로 읽어보기를 원합니다. 소리를 내어 읽어보십시오.

"나이 에르코마이 타퀴(내가 속히 오리라)"
"아멘 에르쿠 퀴리에 예수(아멘 주 예수여 오시옵소서)"

'주님은 오실 것입니다. 더뎌 보이지만 곧 이루어질 것입니다. 두루마기를 빨고 책임을 다하며 사는 크리스천이 되어야 합니다. 자신 있게 "아멘 주 예수여 오시옵소서"라고 말할 수 있도록 말입니다. 다시 외쳐 보십시오.'

* Meditatio 묵상
오늘 말씀을 통하여 깨닫게 된 것을 짧게 적어보십시오.

요한계시록의 의미

* Lexio 읽기 / 요한계시록 7:9-12, 21:1, 22:20-21
가능하면 오늘의 본문을 먼저 읽는 것이 좋지만 바로 아래 글을 읽어도 좋습니다. 충분히 본문을 이해하도록 배려하며 글을 썼습니다. 혹시 본문을 읽으신 분은 감동이 오는 말씀이나 단어 혹은 느낌을 간단히 적으시면 좋습니다.

요한계시록은 나에게 어떤 의미가 있었는지를 정리하는 시간을 갖도록 하겠습니다.

1. 예전에 갖고 있었던 요한계시록에 대한 편견이나 두려움은 무엇이었습니까?

----

2. 요한계시록 큐티를 하면서 그 편견이나 두려움에 대한 의문이 풀리는데 도움이 되었습니까?

----

3. 요한계시록 큐티를 하면서 깨닫게 된 것들은 무엇인지 한번 적어
   보십시오.

4. 종말을 사는 크리스천으로서 이제 어떻게 살겠다는 다짐이 드시
   는지 자신의 다짐을 적어보십시오.

오늘 우리 앞에서 주님이 이렇게 말씀하십니다.

"나이 에르코마이 타퀴"

5. 당신은 무엇이라 대답하겠습니까? 직접 소리 내어 읽으며 적어보
   십시오.

* Meditatio 묵상
오늘 말씀을 통하여 깨닫게 된 것을 짧게 적어보십시오.

요한계시록 이야기

하나님 나라를 꿈꾸다

예수님을 믿는 것은 낭만적인 상황이 아니었습니다. 이미 기독교로 개종하였던 많은 유대인들이 유대교로 회귀하고 불같이 일어나던 복음의 물결은 주춤한 듯 느껴졌습니다. 예수님과 함께 갈릴리를 다녔던 제자들은 하나둘씩 순교를 당하였고 예수님을 믿는다는 말은 죽음이라는 말과 동일하였습니다.

팍스 로마나

로마 정부는 두 명의 주인을 인정하지 않았습니다. 일반적으로 요한계시록의 기록 시기로 알려지는 도미티아누스 황제 통치 후기(A.D. 81-96년)에 로마는 그리스도인들에게 가이사 숭배를 요청하였습니다. 이때 가이사는 자신을 '우리의 주시며 하나님' 이라고 찬양을 요구하였습니다.

알다시피 네로 황제는(54-68년) 로마의 5대 황제였습니다. 그 이후

군인 황제 시대가 약 1년여 짧게 지내는데 갈바, 오토, 비델리우스 황제입니다. 그리고 이어진 9대 황제가 최초의 평민출신의 황제인 베스파시안 황제(69-79년)입니다. 그리고 티투스 황제(79-81년), 도미티아누스 황제(81-96년)로 이어진 것입니다.

네로 황제시대 때부터 시작되었던 기독교 박해는 베스파시안 황제 시대에 이르러 잠잠해졌고 평화를 누렸습니다. 이어서 10대 황제인 아들 티투스 역시 기독교 박해는 없었습니다. 그런데 티투스 장군이 2년 만에 열병으로 죽자 동생인 도미티아누스가 11대 황제로 등극하는데 그는 종교를 자신의 정치적 수단으로 이용하려 하였습니다.

그런 까닭에 과거 로마가 믿던 종교적 전통을 고집하게 되었고, 당연히 로마 황제는 신들 위의 신이란 사실을 강조해야 했습니다. 황제 숭배의 본격적 시작이었습니다. 바로 앞에서 언급한 '가이사는 주시며 하나님이시다'는 고백을 하고 제사를 드리게 한 것입니다.

이 같은 박해는 15년간 지속되었습니다. 이 기막힌 도미티아누스 황제의 박해는 과거 네로 황제의 박해를 연상시키게 하였는데 의도적으로 도미티아누스는 당시에 있던 네로 부활사상(계13:3, 12, 14)을 이용한 것이라는 해석도 있습니다.

여하튼 예수님을 주님이라고 부르는 것은 곧 죽음을 의미하였습니다. 이런 극심한 핍박의 상황에서도 크리스천들이 믿음을 지킬 수 있었던 것은 거룩한 기대 때문이었습니다. 그들은 지하 동굴인 카타콤에서 신앙을 지키며 동시에 주님을 대망하였습니다. 더불어 그들은 자신들의 신앙을 지키기 위하여 비밀언어들을 사용하기 시작하였는데 그 대표적인 그림언어가 '물고기'로 표현되는 신앙고백이었습니다. 그들은 자신이 크리스천임을 표시하기 위하여 '물고기'를 그려놓았습니다.

– 물고기(I X Θ U S): 'Iesous CHristos Theou HUios Soter'
  /예수 그리스도 구원자이시고 하나님의 아들이시다 그리고서
  주라 고백한 것입니다.

물고기 같은 상징으로 자신이 크리스천임을 표시한 초대교인들은
극심한 박해의 상황에서 신앙생활을 하여야 했습니다. 이 당시의 세계
의 상황은 소위 팍스 로마나 (Pax Romana: 로마의 평화)의 논리가 지
배하고 있었던 시대였습니다. 하지만 그 당시 세계는 로마라는 우산
아래에서 평안을 누릴 수 있었습니다. 이런 팍스 로마나는 군사적 힘
으로 이루어진 경제적 풍요에 바탕을 두었습니다. 그리고 이러한 힘
과 풍요는 문화적 쾌락으로 이어졌습니다. 우리가 지금도 로마의 유적
을 통하여 볼 수 있는 것처럼 수많은 사우나 시설을 갖춘 목욕탕, 원형
경기장, 극장 등 로마시대는 최고의 문화를 누리고 있었던 시대였습니
다. 그리고 이런 정치 경제 그리고 문화적인 안정은 매우 다양한 로마
의 신화들을 구성하는 신전들에게서 보는 것처럼 종교적인 성격을 지
니고 있었습니다. 그것은 구체적으로 황제 숭배라는 모습으로 나타난
것입니다(계13:2-18).

이처럼 로마시대는 정치 경제 문화 종교가 통합되어있는 토탈리안
체제였습니다. 그러므로 여기서 로마에게 동조하지 않는다는 것은 고
통과 죽음을 의미하였습니다. 토탈리안 체제에서 황제 숭배는 살아남
기 위한 조건이었고, 이 같은 상황이 그 당시 크리스천들에게는 상당
한 위협이 되었습니다. 물론 약간만 타협하여 그 세상에 순응하면 풍요
와 쾌락 그리고 즐거움일 수 있었습니다. 실제로 로마의 여러 지방, 특
히 소아시아 지방에서 적당한 타협, 즉 표(sign)를 받고 팍스 로마나에
참여하려는 일이 크리스천들 사이에서도 일어나고 있었습니다. 이것은

결국 짐승으로 상징화 된 황제 숭배를 용인하는 것을 의미하였습니다. 요한계시록은 이러한 상황을 바빌론, 단 포도주, 음녀로 표현하고 있음을 알 수 있습니다(계13장).

분명한 승리

복음서에서 강조되고 있는 것은 그리스도의 죽음이 어떻게 우리를 위한 복음이며, 어떻게 구원을 가져다주는지에 있다면, 바울은 믿음으로 그 복음을 받아 누리는 것과 믿음으로 구원 받는 자들이 어떻게 살고 어떻게 봉사해야 하는지에 대해 강조점을 두었습니다.

반면에 요한계시록은 이 모든 것을 전제한 후에 이제 마지막에 이룰 결정적인 그리스도의 승리, 곧 구원의 완성에 이를 때까지 지금 당하는 핍박과 환난을 어떻게 우리가 싸워 나갈 것인지, 교회가 어떻게 이겨나갈 것인지에 대한 관심을 갖고 기록하였습니다.

결국 교회가 "죽임 당하신 어린 양"을 따라서 고난과 순교를 당하면서 성전(聖戰)을 싸울 때 결국은 예수가 승리한 것처럼 교회가 온 세상을 구원한다(계12:11)는 중요한 전제를 요한계시록은 갖고 있음을 알 수 있습니다.

하늘에서 세상을 보다

먼저 요한계시록의 저자는 먼저 묵시문학적인 방법을 택하였습니다. 묵시문학은 중간사 시대에 주로 생성되었는데 대부분의 묵시서들은 이원론적 요소를 가지고 이 세대와 저 세대, 이 땅과 저 하늘 이라는 구조를 갖고 있습니다. 이러한 구도는 하늘의 비밀을 본 선지자들의 태도에서 나왔습니다. 그러므로 일반적으로 묵시문학은 종말론적 관심을 갖고 있었고 종말의 하나님의 심판과 구원을 말함으로 오늘 우리가 어떻게 살 것인가를 가르치고 있습니다.

요한계시록 역시 저자가 하늘에 올라가 하늘의 현상을 보고, 그 비전을 통하여 땅의 현상을 바라보는 형태를 취하고 있습니다(계4장). 그리고 저자는 교회들에게 하늘의 관점에서 땅을 해석함으로 담대하게 살 것을 촉구하고 있는 것입니다.

특히 요한계시록이 묵시적 성격을 가진 계시록이면서 회람서신이라는 사실은 이 책의 목적을 우리에게 분명히 말합니다. 먼저 묵시적 성격은 결국 종말론적 관심을 갖고 있다는 뜻인데, 결국 종말의 하나님의 심판과 구원을 말함으로 오늘 우리가 어떻게 살 것인가를 가르치는 책임을 알 수 있습니다. 즉, 요한은 4장에서 나타나는 것처럼 하늘에 올라가서 하늘의 현상을 보고 계시를 받아서 구약과 예수 그리스도의 사건에 비추어서 충분히 묵상하여 쓴 책임을 알 수 있습니다. 그리고 이 책이 회람서신이라는 사실은 하늘의 관점을 가지고 땅의 것에 현혹되어 신앙을 버리지 말고 하나님의 의도대로 살 것을 요청하는 신앙 지도 서신임을 알 수 있습니다.

또한 요한계시록이 묵시 문학적 성격을 갖고 있다는 것은 요한계시록에 나타나는 그림언어(images), 신화적 요소들을 문자 그대로 이해해서는 안 된다는 것을 의미합니다. 그러므로 요한계시록을 읽으려면 다니엘, 에스겔서를 포함하여 구약의 지식을 가지고 읽어야 함을 알 수 있습니다

하나님 나라를 꿈꾸다

오늘날의 우리 또한 로마시대와 다를 바 없는 상황에 놓여 있다고 말할 수 있습니다. 사실 한국교회의 성장은 한국의 고도 경제성장과 맥을 같이 하고 있습니다. 특히 성장의 논리가 축복과 한 선상에서 이해되어 왔습니다. 그래서 부를 가지고 힘을 가진 자가 하나님의 축복을 받은 것처럼 이해되는 새로운 종류의 팍스 로마나가 지배해 왔다고 말할 수 있는 것입니다.

그러나 그 뒷면에는 세상화, 도시화, 물질화에 따른 사단의 세상화 전략에 교회가 현혹되어 있었던 것도 인정해야 하기 때문입니다. 이런 의미에서 요한계시록이 말하는 하늘 나라의 시각은 중요할 것입니다.

이와 같은 시대적인 상황에서 우리가 그리고 교회가 요한계시록에서 배워야 하는 매우 중요한 교훈은 무엇입니까?

이미 예수 그리스도께서 십자가 위에서 결정적인 승리를 이루셨지만 구원의 완성이 있기까지 교회는 예수 그리스도로부터 구원사역을 위임받았습니다. 그런데 요한이 하늘에서 **교회가 승리하는 모습을 어린양이 떼는 일곱 봉인 된 책을 통하여 미리 보게 된 것입니다.**

정리해서 말한다면 요한은 당시의 교회들과 오늘 우리들을 향하여 하늘의 상황에서 지금의 상황을 볼 것을 촉구하고 있는 것입니다. 특별히 일곱 교회에 보내는 편지라는 의미에서 역사에 남아 있는 구체성과 일곱이란 숫자의 완전성을 가지고 상징적인 교회를 말하는 것이라 볼 수 있습니다. 결국 요한은 로마와 타협하여 살고 있는 교회에 대한 경고 메시지와 함께 하늘의 시각에서 볼 때 반드시 승리하게 된다는 계시적인 측면을 말함으로 바른 세계관을 가지고 살며 하나님의 수행자 (agent)로서 담대히 살 것을 요청하고 있는 것입니다. 하나님 나라를 꿈 꾸면서 말입니다.

덧붙여 요한계시록을 해석할 때 주의 할 것은 요한의 계시록이 마지 막 때에 일어날 일들의 시간표가 아니라는 점입니다. 오히려 요한은 훌 륭한 교사와도 같아서 반복이 효과적인 학습방법이라는 것을 알고 있 으며 따라서 그는 관점들을 다르게 하면서 한 번 이상 그의 메시지를 반복하고 있는 점을 잊어서는 안 됩니다.